44030

LETTRES A M. P.-J. PROUDHON

Paris. — Typographie WALDER, rue Bonaparte, 44.

LETTRES

A MONSIEUR

P.-J. PROUDHON

PAR

EUGÈNE DE MIRECOURT

PARIS

CHEZ L'AUTEUR, 55, RUE MONTMARTRE

au bureau du journal *la Vérité pour tous*

ET CHEZ WALDER, IMPRIMEUR, RUE BONAPARTE, 44

—

1858

AU SOUVENIR DE MA MÈRE

MORTE PENDANT MA CAPTIVITÉ

Sans que j'aie pu obtenir d'aller lui rendre les derniers devoirs.

Sainte-Pélagie, 15 juillet 1858.

En signant ce livre seul, j'en accepte seul toute la responsabilité ; mais je déclare, pour rester dans la justice, que je dois à M. J.-B. Gilbert, — dont les articles ont pu être appréciés par les lecteurs du journal *la Vérité pour tous,* — une utile et féconde collaboration pour tout ce qui concerne la partie philosophique et scientifique de l'œuvre.

EUGÈNE DE MIRECOURT.

PREMIÈRE LETTRE.

I

Il vous a plu de me mettre en cause dans les trois volumes scandaleux que vous avez fait paraître chez Garnier frères, et nous allons raisonner, monsieur, — raisonner longuement.

Il faut que le public soit juge de votre nouvelle *échappée* sociale (j'emploie le mot poli) et des attaques folles que vous dirigez contre la religion du Christ.

Votre livre, tissu d'énormités et de blasphèmes, où vous interpellez à tout propos un digne archevêque, où vous le contraignez en quelque sorte à vous suivre dans les argumentations lés plus coupables, dans les thèses les plus indécentes, aurait été brûlé jadis en place de Grève.

Ce genre d'exécution littéraire est passé de mode.

Vous vous en applaudissez peut-être, et vous avez tort, car un châtiment plus terrible vous est réservé : je parle de l'indignation certaine que soulèveront vos pages dans ce pays chrétien, dont vous blessez la conscience et dont vous insultez la foi.

Vous avez entendu parler de ces femelles hideuses et goulues, qui se précipitaient sur les festins anti-ques pour en souiller tous les mets de leur griffe immonde.

Eh bien, franchement, monsieur, vous écrivez comme les harpies mangeaient.

Il y a chez vous parti pris de dévorer, de gâter, de flétrir. Celui qui a dit le premier que vous étiez un ogre n'a donné qu'une imparfaite image de l'appétit féroce qui vous distingue : appétit d'irréligion, appétit de bouleversement, appétit de discorde. Plus vos canines s'exercent contre le christianisme et contre la société, plus votre faim s'accroît, plus votre œsophage se dilate, plus vous demandez de chair fraîche, et plus vous justifiez ce mot du poëte :

Harpyiis digna gula voracibus.

Je reviendrai bientôt sur les iniquités de votre œuvre, et cela dans les limites que la loi m'assigne. Commençons par vider la question personnelle.

Il y a trois ans, j'ai publié votre notice biographique.

Ce fut, je vous prie de le croire, une rude tâche. Avant tout j'ai dû lire et relire ceux de vos ouvrages qui étaient imprimés à cette époque, et me mettre à la recherche d'une pensée morale au milieu de votre Babel de paradoxes.

Or, cette lecture, ne vous en déplaise, manque absolument d'attrait.

Votre plume est tellement chargée de haine et de fausse logique ; on vous suit avec tant de fatigue dans l'entortillage de vos argumentations; la pesanteur innée de votre période se maintient de page en page avec une si remarquable persévérance, qu'on est obligé, pour vous suivre, de combattre le sommeil et de vaincre un sentiment répulsif, voisin du dégoût.

Je cherchais donc, monsieur, dans vos œuvres la pensée morale, le but honnête : je n'ai pas été plus heureux que Diogène cherchant un homme dans les rues de la cité grecque.

Toutefois, ce n'était pas une raison de croire que j'avais affaire à un écrivain sans conscience, à un ennemi systématique de l'ordre et de la foi.

Je me défiais de ma lanterne, et j'ai eu recours aux lumières d'autrui.

On m'assurait de vingt côtés différents que vous deviez au clergé une éducation gratuite, ce qui eût fait de vous un franc modèle d'ingratitude; car, tout en conservant le droit d'être incrédule au sortir d'un séminaire, vous eussiez nécessairement perdu celui d'injurier vos maîtres.

L'essentiel était d'éclairer d'abord ce point de votre histoire.

J'ai prié, dans une lettre respectueuse, monseigneur l'archevêque de Besançon de vouloir bien donner des ordres pour qu'on me renseignât là-dessus.

Il a daigné me renseigner lui-même, et sa réponse, que je n'avais aucun motif de dissimuler soit à vous, soit au public, respire une bienveillance si grande, une impartialité si merveilleuse, une charité si parfaite, que vous n'avez eu garde, monsieur, de la reproduire dans ce livre où vous prodiguez l'outrage au pieux archevêque.

Publier un tel document, vous l'avez compris, c'eût été rendre votre œuvre impossible et soulever contre vous tous les lecteurs.

Je n'ai pas les mêmes raisons que vous, de laisser une pareille pièce dans l'ombre.

Voici la lettre du prélat .

« Séminaire de Vesoul, 28 mars 1855.

« Monsieur,

« M. Proudhon n'a jamais étudié dans aucun de nos petits séminaires; d'ailleurs, il n'y a pas d'établissement de ce genre à Besançon. Nos petits séminaires

sont sur d'autres points du diocèse. J'ai toujours
entendu dire qu'il avait fait au lycée de Besançon la
partie de ses études qu'il avait pu achever; car je ne
sais pas s'il a pu les faire en entier.

« J'ai entendu raconter à M. Ordinaire (1), mort en
1843, que, lorsque M. Proudhon sollicita de l'Académie des belles-lettres de Besançon d'être nommé à la
pension Suard, dont elle dispose, les académiciens furent extrêmement touchés de ce qu'ils apprirent que,
dans sa jeunesse, M. Proudhon, fils d'un maréchal fer-
rant, empêché par la détresse de ses parents de continuer ses études et soignant sa mère malade, obtint
de suivre les classes du lycée au bout de quelque
temps. Il faisait ses devoirs tout en servant ses parents, et, comme il n'avait pas de livres, surtout de
dictionnaires, il partait avant l'heure de la classe,
allait se mettre en embuscade près du lycée, et, quand
arrivait un élève avec ses livres, il l'arrêtait, et, sur
la borne, il remplissait les mots qu'il avait omis.

« Les excès du malheureux Proudhon, ses injures
envers Dieu et les hommes ne dispensent pas d'être

1 Ancien recteur de l'Académie de Besançon.

juste à son égard, et c'est pour rendre hommage à la vérité que je dis ce qui précède.

« Veuillez agréer, monsieur, l'expression de ma considération très-distinguée.

« CÉSAIRE,

« cardinal archevêque de Besançon. »

« P. S. Proudhon est originaire de Chanans, paroisse de Node (Doubs). Sa famille était foncièrement révolutionnaire, à ce qu'on dit.

« Le fond de son caractère est l'irritation et l'aigreur contre la société, de laquelle il s'est cru banni par la détresse de sa famille.

« Ayant pu, par la force de son esprit, faire des études tronquées d'un côté, profondes de l'autre, il s'est dressé à lui-même un piédestal, sur lequel il voudrait recevoir les hommages de l'univers au préjudice de Dieu qui est, pour lui, un *rival*.

« Proudhon n'est donc pas un athée, c'est un ennemi de Dieu. »

Voilà textuellement, sans en omettre une ligne, la réponse que le saint archevêque m'a fait l'honneur de m'envoyer. Pourquoi, monsieur, ne l'avoir pas insérée en tête de votre ouvrage, puisque, par des moyens qu'on appréciera bientôt, vous avez réussi à en obtenir une *copie conforme?*

Le public sera juge de ceci comme de tout le reste, et je lui mettrai sous les yeux deux lettres signées de vous.

Il est de mon devoir, puisque vous m'avez tendu un piége, de rétablir les faits dans leur entière exactitude. Je n'avais aucune raison de dissimuler un autographe contenant votre éloge.

Mgr de Besançon ne m'avait défendu ni de le publier ni de le montrer.

Ce qu'il dit relativement aux œuvres perverses dont vous êtes l'auteur et qui scandalisent la chrétienté, il le dit avec une modération exemplaire, avec une douceur évangélique, dont vous n'avez certes pas à vous plaindre.

Il vous appelle *ennemi de Dieu :* c'est le titre que vous revendiquez vous-même.

Témoin cette diatribe infernale, puisée dans un de vos livres, et qu'on ne peut trop citer pour donner la mesure de votre délire et de votre audace :

« De quel droit Dieu me dirait-il : *Sois saint parce que je suis saint?* Esprit menteur, lui répondrai-je, Dieu imbécile, ton règne est fini. Cherche parmi les bêtes, d'autres victimes. Pourquoi me trompes-tu? pourquoi, par ton silence, as-tu déchaîné en moi l'égoïsme? pourquoi m'as-tu soumis à la torture du doute universel : doute de la vérité, doute de la justice, doute de la conscience, doute de toi-même, ô Dieu! Les fautes dont nous te demandons la remise, c'est toi qui nous les fais commettre ; les piéges dont nous te conjurons de nous délivrer, c'est toi qui les as tendus ; et le Satan qui nous assiége, ce Satan, c'est toi.

« Nous étions comme des néants devant ta majesté invisible, à qui nous donnions le ciel pour dais et la terre pour escabeau.

« Et maintenant te voilà détrôné et brisé. Ton nom, si longtemps le dernier mot du savant, la sanction du juge, la force du prince, l'espoir du pauvre, le refuge du coupable, eh bien! ce nom, désormais voué au mépris et à l'anathème, sera sifflé parmi les hommes. Car Dieu, c'est sottise et lâcheté ; Dieu, c'est hypocrisie et mensonge ; Dieu, c'est tyrannie et misère ; DIEU, C'EST LE MAL! »

En transcrivant une première fois dans votre biographie cette page abominable, j'ajoutais :

« Depuis le jour où, du fond de l'abîme, les rugissements de l'ange vaincu montèrent au ciel, comme un sombre nuage de malédiction et de blasphème, on n'entendit rien de plus monstrueux et de plus horrible.

« Ici, le moraliste épouvanté courbe la tête.

« Que répliquer à un écrivain assez perdu d'orgueil ou de folie pour oser imprimer de pareilles lignes ? Dieu seul peut lui répondre avec sa foudre, à moins qu'il ne laisse aux hommes le soin de l'envoyer à Bicêtre. »

Je n'ai pas changé d'avis, depuis cette époque, ni vous non plus, à ce qu'il paraît.

On vient de lire ce que vous imprimiez alors ; voici ce que vous avez imprimé depuis :

« Le 8 janvier 1847, je fus reçu franc-maçon, au grade d'apprenti, dans la loge de *Sincérité, Parfaite Union et Constante Amitié*, Orient de Besançon. Comme tout néophyte, avant de recevoir la lumière, je dus répondre aux trois questions d'usage : « — Que doit l'homme à ses semblables? — Que doit-il à son pays? — Que doit-il à Dieu? » Sur les deux premières questions, ma réponse fut telle à peu près qu'on la pouvait attendre; sur la troisième, je répondis par ce mot : la guerre! Justice à tous les hommes, dévouement à mon pays, GUERRE A DIEU! Telle fut ma profession de foi.»

En vérité, ces menaçantes paroles ont dû jeter l'effroi dans le ciel.

Jéhovah ne ferait pas mal de compter avec *monsieur Proudhon*, s'il veut, là-haut, conserver sa puissance.

De tout ce qui précède je conclus que ce n'est pas la qualification d'*ennemi de Dieu* qui a pu vous offenser dans la lettre du saint prélat, et vous rendre insensible au témoignage qu'il donne à votre jeunesse studieuse.

J'ai eu la naïveté de croire que vous étiez ému de ce témoignage, — et vous n'aviez d'autre but (c'est triste à dire) que d'arguer de ma complaisance même pour en faire la base d'une accusation absurde et me présenter comme un écrivain que le clergé catholique met en avant pour vous combattre.

C'est me faire, d'une part, infiniment trop d'honneur, et c'est vous attribuer, de l'autre, monsieur, beaucoup trop d'importance.

Il ne sera pas dit que j'aurai été la cause involontaire d'un outrage envers un ministre de la religion, sans que je donne à l'agresseur tous les démentis qu'il mérite, sans que je dévoile ses manœuvres perfides et le sentiment coupable auquel il a cédé.

Vous n'êtes pas seulement un Voltaire en sabots, — je veux dire un écrivain qui piétine avec grossièreté, sans esprit, brutalement sur le dogme religieux et sur la morale chrétienne, — vous êtes aussi un Tartufe socialiste de premier ordre, et je vais le prouver.

DEUXIÈME LETTRE.

II

Continuons de rétablir les faits, monsieur; c'est le moyen le plus sûr de vous souffleter moralement avec vos propres insinuations et de montrer comment Escobar vous donne la main à deux siècles de distance.

Après avoir reçu la réponse de l'archevêque, je me pris d'un bel intérêt pour votre personne.

L'enfant pieux qui soignait sa mère malade; le collégien pauvre, écrivant sur une borne les versions

2

et les thèmes que le manque de livres ne lui avait pas permis d'achever à la maison paternelle; cette persé-vérance énergique dont vous avez donné la preuve pour conquérir le trésor de l'éducation, tout cela me fit désirer de mieux vous connaître, afin de vous louer au moins en ce qui dépendait de moi, si, d'autre part, je devais infliger à vos écrits un blâme absolu.

Croyez-le, si bon vous semble, mais j'ai toujours eu à cœur de ne rien dire contre la vérité, contre le droit et contre la justice.

Mon œuvre n'a soulevé tant d'orages et tant de vengeances qu'en raison même du soin scrupuleux de mes recherches et de la conscience qui a présidé à mes études.

J'ai voulu faire des portraits contemporains au da-guerréotype; je me suis efforcé d'appliquer à l'histoire vivante le système de la reproduction fidèle.

Beaucoup d'individus se fâchent et s'efforcent de briser la plaque : cela prouve qu'ils sont laids et par trop ressemblants.

Vous serez de mon avis, vous qui êtes un logicien si remarquable.

Donc, j'allai frapper, un jour, à la porte de votre maison de la rue d'Enfer.

Les premières paroles que je vous adressai furent celles-ci :

— Monsieur Proudhon, je vais mettre sous presse un volume qui vous concerne, et je déclare tout d'abord que je suis l'ennemi le plus irréconciliable de vos doctrines. L'unique but de ma démarche est de sauver, s'il est possible, le caractère du philosophe, la sincérité de ses convictions, l'honnêteté de sa plume. Voulez-vous me permettre de causer avec vous quelques instants sous la réserve expresse que ma démarche n'engagera pas une seule des phrases que je dois écrire?

— Certainement, me répondîtes-vous, j'accepte.

Et nous fîmes ensemble une promenade assez longue sous les arbres du Luxembourg.

Là, je questionnai l'écrivain sur beaucoup de chapitres de ses livres, sur nombre de points de sa philosophie violente qui me semblaient incompatibles avec la franchise et la loyauté de l'homme.

Savez-vous, monsieur, l'effet que vous m'avez produit?

J'ai cru voir une belle montre de Genève, admirablement confectionnée, mais à laquelle il manque deux rouages, dont l'absence la fait divaguer sans cesse et marquer midi à quatorze heures.

Les deux rouages qui manquent à la montre, — je veux dire à votre âme, — sont la *charité* et la *modestie.*

En butte au malheur dès votre premier âge, élevé dans l'amertume et dans la révolte beaucoup plus que dans la résignation, vous avez pris en grippe l'humanité tout entière et vous ne lui pardonnez pas les souffrances de votre jeunesse. Ayant conquis plus tard, malgré les obstacles, une position supérieure à celle que semblait vous assigner la naissance, vous exagérez par cela même les proportions de votre mérite. Chevauchant tour à tour sur la haine et sur l'orgueil, vous galopez à travers le domaine politique ou à travers le domaine religieux, sans prendre garde à ce que vous écrasez dans cette course furibonde.

Hérode, pour tuer l'enfant que venaient adorer les Mages, ordonna le massacre de tous les nouveaux-nés de Bethléem.

Votre philosophie se comporte absolument comme ce roi des Juifs.

Elle égorge tout, pour être bien sûre d'atteindre son but ; elle provoque un cataclysme universel pour venger votre rancune particulière.

Monsieur Proudhon se plaint d'un abus : que toutes les institutions meurent, que l'édifice social soit renversé de fond en comble et n'offre plus qu'un amas de ruines !

Monsieur Proudhon a souffert ; Dieu a placé son berceau parmi les déshérités de ce monde : que Dieu soit maudit ! DIEU, C'EST LE MAL ! — supprimez Dieu !

Voilà tout votre système en quelques lignes.

Je résume les trois tomes (édition compacte) que vous avez publiés chez Garnier frères, ainsi que la profession de foi que j'eus l'honneur d'entendre sortir de votre bouche même sous les avenues du Luxembourg.

Il est essentiel de reproduire une ou deux phrases caractéristiques de notre dialogue.

— Ainsi, disais-je, vous concluez à la suppression du christianisme. Que nous donnerez-vous en échange?

— Oh! me répondîtes-vous, avec un aplomb vainqueur, nous ne serons pas embarrassés de trouver mieux.

— Mais encore ?...

— Je n'en sais rien, *je cherche.* (Ce furent là vos propres expressions.)

— Permettez-moi de vous faire observer, ripostai-je, que le christianisme se donne pour mission de propager dans le peuple les grands principes moralisateurs. Vous n'êtes pas embarrassé de trouver *mieux*, soit. Cherchez ce *mieux*, et construisez, de grâce, avant de démolir. Je possède une maison vieille, lézardée, menaçant ruine, je vous l'accorde. Toutefois cette maison m'abrite, et je désire ne pas coucher à la belle étoile, en attendant que l'autre soit bâtie.

Là-dessus, monsieur, vous vous écriâtes, en laissant échapper un léger mouvement d'épaules, et en oubliant la bienséance pour céder à l'humeur :

— Bah! c'est avec des balivernes de ce genre qu'on entrave éternellement la marche du progrès! Votre christianisme est mort ; ses ministres eux-mêmes n'en doutent plus.

— Croyez-vous ?

— Parbleu ! ils le soutiennent comme on soutient un cadavre ; ils le fardent pour lui donner une apparence de vie. Les prêtres chrétiens ressemblent maintenant aux augures de Rome ; ils ne peuvent plus se regarder sans rire, et leurs vertus théologales sont l'astuce, la fourberie et le mensonge.

— Alors, selon vous, il ne leur reste ni esprit de charité, ni esprit de justice ?

— Ma foi, non !

J'étais profondément affligé de vous entendre parler ainsi, monsieur, et je tirai de mon portefeuille la lettre de l'archevêque.

Vous en prîtes lecture.

Aussitôt votre visage trahit une émotion singulière.

Que dites-vous de ma naïveté ? Je crus que la bienveillance et la noblesse d'âme du saint prélat vous inspiraient une sorte de repentir.

Aujourd'hui seulement, je devine ce qui se passait

au fond de vous-même, et, si j'avais à recommencer votre biographie, je vous jure que je parlerais en d'autres termes de la franchise et de la bonne foi dont je vous croyais doué.

Ici commence votre rôle de Tartufe.

— Cette lettre, me dites-vous, en repliant l'autographe, est d'un cœur honnête. Je vois qu'il existe des prêtres sincèrement évangéliques. Mais, au fait, est-ce que vous tenez beaucoup à me donner place dans votre galerie contemporaine?

— Oui, certes! répondis-je, et comme il est dit, je conserve toute ma liberté d'appréciation.

Nous échangeâmes quelques formules banales de politesse, puis, je vous tirai ma révérence.

La semaine d'ensuite, on imprima ce volume n° 32 des *Contemporains*, qui porte votre nom; — ce volume qui vous ménage autant qu'on peut ménager un homme, lorsqu'il professe des doctrines aussi odieuses que les vôtres, — ce volume enfin qui est aujourd'hui le prétexte de vos inqualifiables outrages envers le saint archevêque dont j'ai eu l'imprudence de vous montrer la signature.

Je dis l'imprudence, car je devais comprendre que votre haine implacable contre le Christ et ses ministres ne céderait pas à cette preuve touchante d'impartialité chrétienne ; je devais comprendre que votre orgueil monstrueux s'indignerait de trouver l'indulgence où vous eussiez mieux aimé voir l'agression, la paix où vous eussiez voulu la guerre.

En effet, dès ce moment, vous travaillez à me tendre un piége.

Vous chargez tous les intermédiaires que la librairie plaçait entre vous et moi de me tromper sur vos sentiments véritables.

— « M. Proudhon me disait l'un, trouve votre critique de ses œuvres philosophiques un peu acerbe; mais, en somme, il est satisfait de la justice que vous rendez à son caractère. »

— « M. Proudhon, me disait un autre, espérait, dans votre entrevue au Luxembourg, vous amener à partager sa manière de voir; il pensait que vous lui rendriez encore deux ou trois visites avant de publier sa notice, etc., etc. »

J'avoue, monsieur, que ce dernier propos me fit éclater de rire.

Avez-vous pu sérieusement vous mettre dans l'esprit qu'un missionnaire de désordre, de bouleversement et d'impiété de votre espèce allait une minute ébranler mes convictions?

Deux ou trois visites, pourquoi? C'était bien assez d'une, grand Dieu!

Mais j'oublie que tout cela était une ruse, un moyen préparé de longue date pour attirer mes jambes dans le traquenard que vous aviez tendu.

Le 3 mars 1857, je reçus de vous la lettre suivante :

« Monsieur de Mirecourt,

« Il y a près de deux ans que vous avez publié ma biographie, et je présume qu'à cette heure vous vous en *souciez* au... *peu que moi-même*. Vous vous rappelez sans doute encore moins qu'à cette occasion vous crûtes devoir me faire une visite, et que, dans l'entretien que nous eûmes au Luxembourg, vous me fîtes voir une lettre à mon sujet de Monseigneur Mathieu, archevêque de Besançon.

« Je ne vous dirai pas, monsieur de Mirecourt, que j'ai été *parfaitement satisfait de votre procédé* et que je ne vous en *garde aucune espèce de rancune;* mais il ne *s'agit pas en ce moment de cela.*

« Une *circonstance particulière* me fait désirer vivement de relire la lettre de Monseigneur Mathieu, et je viens vous demander si vous *auriez l'obligeance* de m'en donner communication. Il va sans dire que je vous la restituerai aussitôt après lecture, à moins que vous ne *teniez pas* à cet autographe, *plus précieux pour moi que pour vous.*

« Comptant sur *votre courtoisie*, je vous salue, monsieur de Mirecourt, très-sincèrement.

« P.-J. PROUDHON.

« Rue d'Enfer, 83. »

Je souligne, monsieur, tous les passages de cette première lettre que nous aurons à commenter, si vous

le voulez bien, — et cela devant le public, que j'accepte pour juge.

Escobar, votre prédécesseur, va rentrer sous terre.
Son nom sera biffé dans les annales du jésuitisme, et
dorénavant on le remplacera par le vôtre.

Il est certain que les jésuites ne s'attendaient pas à
cette bonne fortune.

TROISIEME LETTRE.

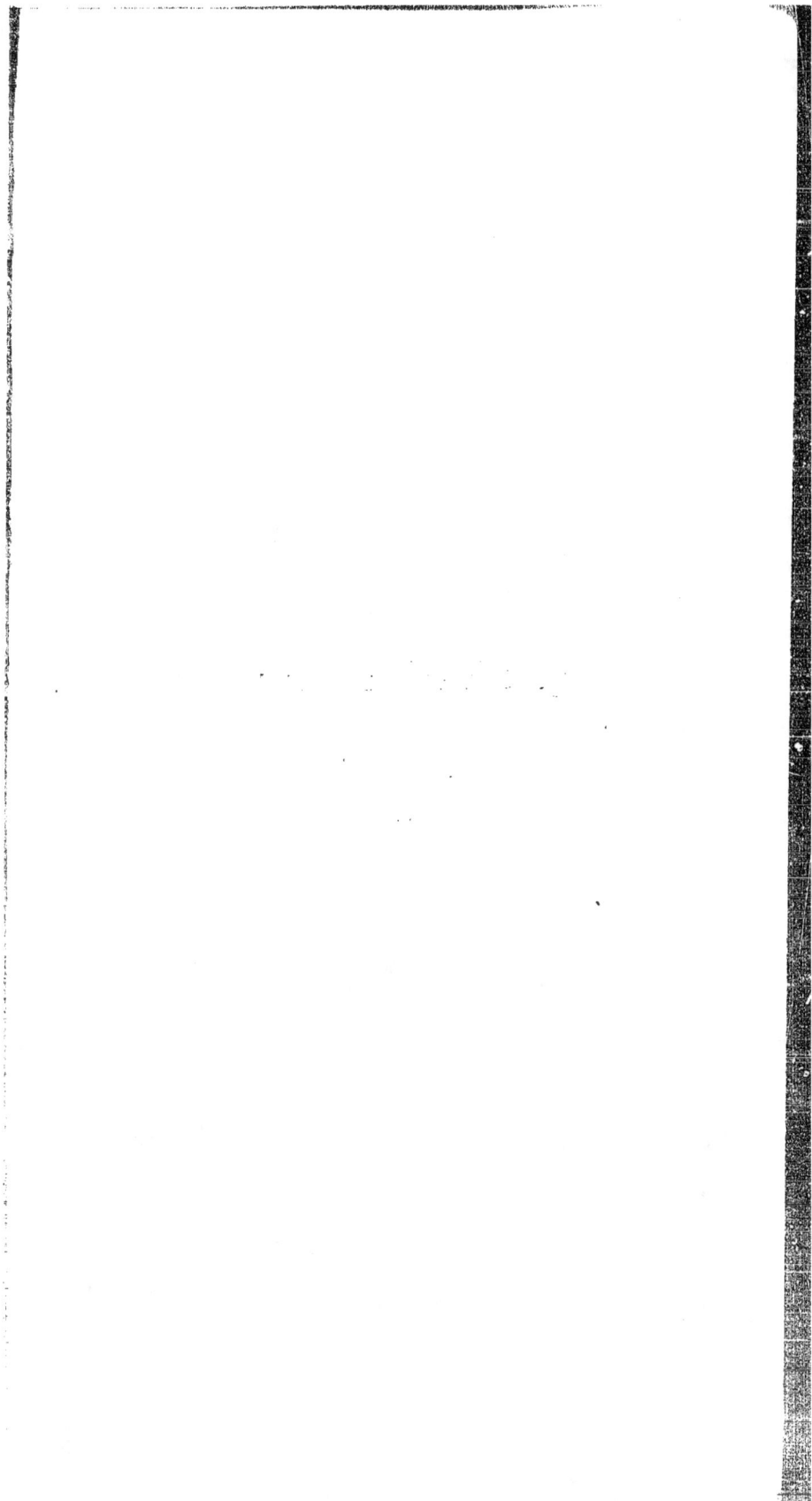

III

Je vous l'ai déjà laissé pressentir, je suis très-naïf de mon naturel.

Les méchants, les fourbes, les hypocrites peuvent manœuvrer sans obstacle autour de moi. Je ne veux croire à l'injustice qu'au moment où elle me frappe. En un mot, je manque de flair et de prévoyance : défaut grave dans la vie, monsieur ! et qui, pour être fils de la bonté d'âme et du sentiment de l'honnête, n'en est pas moins un peu cousin de la simplicité d'esprit.

Vous le voyez, je me dis à moi-même des vérités assez dures.

Toute mon histoire est là.

Continuellement pris à l'improviste par les trahisons et par les lâchetés humaines, je m'indigne plus qu'un autre et je crie plus fort. On n'a jamais pu me faire admettre la prudence et les ménagements, lorsque je me trouve en face d'un acte pervers, d'un mensonge ou d'un vice.

Entre nous, je devais être victime de cette bizarrerie de ma nature.

Mais c'est un détail.

Revenons à ce qui vous concerne.

Vous m'écrivez donc cette première lettre qu'on a lue, et où vous faites appel à ma *courtoisie*, à mon *obligeance*, en me priant de vous montrer de nouveau l'autographe de monseigneur Mathieu. *Une circonstance particulière* vous fait *désirer vivement* de le relire, et vous promettez de me le *restituer aussitôt après lecture*...

« A moins, ajoutez-vous en terminant, et avec une bonhomie pleine de charme, que vous ne *teniez pas à* cet autographe, *plus précieux pour moi que pour vous.*»

Impossible, d'écrivain à écrivain, de se demander un service en meilleurs termes.

Néanmoins, dans votre missive, il y avait cette restriction pharisaïque :

« Je ne vous dirai pas, monsieur de Mirecourt, que j'ai été *parfaitement satisfait* de votre *procédé* (Quel procédé? — Mon blâme sévère de vos doctrines? je vous l'avais annoncé de façon la plus nette, en réservant **tous mes droits**), et que je ne vous en garde aucune espèce de *rancune.* »

Ceci aurait dû me faire réfléchir.

Mais, franchement, je ne vis là qu'un reproche anodin, glissé au milieu de vos autres phrases pour mieux obtenir ce que vous réclamiez de ma *courtoisie.*

D'ailleurs, la déclaration formelle que vous aviez faite, dès le début, me donnait lieu de croire que cette *rancune* était sans grand péril pour ma personne.

« Il y a près de deux ans, disiez-vous, que vous avez publié ma biographie, et je présume qu'à cette heure *vous vous en souciez aussi peu que moi-même.* »

C'était clair.

Je ne voyais à cela pas l'ombre d'équivoque.

Où voulez-vous que je m'imagine, après une déclaration semblable, non-seulement que vous avez dessein de profiter de ma *courtoisie* et de mon *obligeance* pour me jeter à la tête trois volumes d'une effrayante pesanteur,—mais encore, ô socialiste plein d'astuce! qu'il entre dans vos vues d'arguer de ce modeste petit livre, dont vous vous *souciez si peu*, pour prodiguer l'offense et l'injure, — à qui? — à l'auteur même de la lettre que vous demandez à relire, au prélat charitable et bienveillant, qui atténue vos torts et fait votre éloge?

Ah! Tartufe-Escobar-Proudhon, trinité scélérate! dans quel piége as-tu précipité ma candeur?...

Enfin, passons.

Je vous répondis aussitôt que je ne pouvais convenablement me dessaisir d'une lettre à mon adresse; mais que, si une copie conforme vous était agréable, je m'empresserais de vous l'envoyer, certain que vous n'en feriez pas mauvais usage.

Là-dessus, Tartufe reprend la plume ; Escobar dicte, et vous m'envoyez, monsieur, la seconde épître que voici :

Paris, 5 mars 1857.

« Monsieur de Mirecourt,

« Je ne *donnerai d'autre publicité* à la lettre de monseigneur de Besançon que celle que vous lui avez *donnée vous-même.*

« A cet égard je vous *engage volontiers ma parole.*

« J'aurais *aimé à voir* l'original, la forme, l'écriture, la signature, le sceau, si le sceau s'y trouve. Puisque vous ne pouvez vous en dessaisir, *même pour une heure,* le temps de *l'aller et du retour du courrier,* je me contenterai de la copie conforme que vous voulez bien m'offrir : cette copie n'étant à d'autre fin que de compléter la collection de pièces et de documents que je rassemble.

« Je suis, monsieur de Mirecourt, en attendant l'accomplissement de votre promesse, votre très-humble serviteur

« P.-J. PROUDHON. »

Maintenant, monsieur, je vous le demande, comment faut-il qualifier votre conduite?

« Je ne donnerai, avez-vous dit, *d'autre publicité* à la lettre de monseigneur de Besançon que celle que vous lui avez *donnée vous-même*. »

Or, je ne l'ai pas publiée dans votre biographie, cette lettre.

Veuillez, s'il vous plaît, soumettre chaque page du volume aux plus scrupuleuses recherches, et vous verrez que je n'y prononce même pas le nom de monseigneur Mathieu.

Ainsi, vous *engagez votre parole*, et vous la faussez de la manière la plus honteuse. Non-seulement vous êtes parjure, mais vous êtes malhonnête et menteur; car, d'un bout à l'autre de ces trois tomes monstrueux, imprimés par Garnier frères, les phrases que vous attribuez au prélat, ou que vous présentez comme ayant été écrites sous son inspiration, ne se trouvent en aucune sorte dans sa lettre.

Par conséquent vous avez menti sans excuse.

Vous avez menti avec l'audace de Satan, dont vous avez l'orgueil, et dont vous êtes l'émule; vous avez menti avec la criminelle mauvaise foi de M. de Voltaire, c'est-à-dire sciemment, par système pur, et dans l'espoir que de vos mensonges *il resterait toujours quelque chose.*

L'archevêque dit du bien de vous, — je vous en ai fourni la preuve, elle est entre vos mains, — et vous laissez croire que le digne prêtre vous calomnie, afin de pouvoir l'outrager plus facilement à l'abri de cette hypothèse impudente.

Est-ce là tous les faits? Sont-ils clairement établis?

J'ai donné cet exposé, sans indignation, sans colère, afin d'éclairer le procès.

Nos juges ont à présent mes pièces sous les yeux.

Ils savent que vous vous êtes mis à trois, Tartufe, Escobar et vous, pour me tendre un piége, où, grâce au ciel, vous n'avez réussi qu'à vous prendre vous-même.

Laissons de côté deux de mes ennemis. Je n'en amènerai qu'un seul devant le tribunal, et je choisis le plus coupable.

Vous comprenez qui je veux dire?

C'est monsieur Tartufe, — l'honnête monsieur Tartufe.

Après deux cents ans, par une série de bizarres et

subtiles métamorphoses, il est devenu le principal
apôtre du Socialisme, — une hypocrisie toute neuve,
entièrement ignorée du temps de Molière.

Je saisis mon apôtre par l'oreille, avec beaucoup
d'égards, et seulement pour lui faire comprendre qu'il
ne m'échappera pas.

— Voyons, lui dis-je, voyons, cher monsieur Tartufe, ici tout subterfuge, tout détour deviennent inu-
tiles. Oubliez votre caractère, changez d'allure un instant et donnez à vos réponses le cachet de la bonne
foi. Quel a été votre but en jouant cette comédie pleine
de fourbe et d'indécence?

— Prenez garde, me répond-il d'une voix douce-
reuse, vous me serrez l'oreille un peu fort.

En même temps il me lance un regard faux et louche,
absolument comme le jour où il fut mis à la porte par
l'époux d'Elmire.

Je ne me laisse point intimider, Dieu merci, et je
tiens ferme.

— La vérité, cher monsieur Tartufe, dites la vérité,
de grâce, une fois par hasard!

— Très-volontiers, j'y consens; mais lâchez l'oreille.

— Non pas! Cette bienheureuse oreille est ma garantie. Parlons vite et parlons sans déguisement. Si

vous trouvez la **position incommode**, ce que je m'explique le mieux du monde, faites-moi des réponses brèves et catégoriques ; vous serez plus tôt libre. Il me faut votre secret et celui de vos complices.

— Eh bien, on voulait vous amener par la ruse à *confier* l'autographe, parbleu !

— Je devine. On ne l'eût pas rendu.

— Non, certes.

— Voilà de la **franchise**. J'ai beaucoup plus gagné, je le vois, à vous **prendre par l'oreille** que par les sentiments.

— Me lâchez-vous ?

— Pas encore, cher monsieur Tartufe. Recevez mes félicitations. La seconde lettre est un chef-d'œuvre de roûerie. Je pouvais fort bien empêtrer ma confiance dans le réseau trompeur du style. Ah ! vous êtes un matois ! et le révérend père Escobar-y-Mendoza n'a pas oublié sa manière. « On *eût aimé à voir* la forme, l'écriture, le sceau... » Que sais-je ? Une fantaisie de collectionneur ! On faisait mine d'accepter en rechignant la copie conforme, pour mieux me démontrer le ridicule de ne pas *confier* l'original *pour une heure, le temps de l'aller et du retour du courrier.* Nous y voilà, cher monsieur Tartufe... Oh ! ne vous agitez point ainsi !

Tenez-vous en repos, dans l'intérêt de votre oreille.

— Mais, corbleu !...

— Je vous mets à la gêne, je le sais bien. C'est une nécessité cruelle; résignons-nous. Ainsi vous ne m'auriez pas rendu la lettre?

— Non, vous dis-je.

— Et comment appelez-vous ce *procédé?*

— Je l'appelle un tour de bonne guerre.

— Bah?

— Vous êtes l'ennemi de Proudhon, vous combattez ses doctrines.

— Sans doute.

— Eh bien, il ne fallait pas laisser entre vos mains une pièce que vous pouviez, d'un jour à l'autre, tourner contre lui, surtout au moment de la publication de son livre.

— Ah! ah!... Continuez, cher monsieur Tartufe, continuez! Je m'explique maintenant pourquoi la lettre de l'archevêque offusquait votre ami. Elle blessait son amour-propre.

— Dites son orgueil, puisqu'il regarde l'orgueil comme la plus noble des passions. Il se révolte éternellement contre cette bienveillance chrétienne, contre cette *Charité,* dont il vous reproche de faire une vertu théologale. **Charité, fi donc!** insulte éternelle à la misère, humiliation blessante, odieuse, qu'il a eue trop à subir dans sa jeunesse.....

— Le pauvre homme!

— Aussi, vous le voyez, son âge mûr s'en indigne, et il se venge. Cette vengeance, il la poussera aussi loin que possible. Que votre charité cherche d'autres victimes : pour son compte il en a bien assez souffert.

— Le pauvre homme!

— Il exècre ces ministres du Christ qui viennent s'apitoyer sur son sort. De quel droit des prêcheurs d'Évangile, dont il est l'antagoniste le plus implacable, osent-ils le poursuivre de leur feinte compassion, de leur feinte justice et de leur feinte douceur? Il en a des accès de colère à étouffer.

— Le pauvre homme!

— Qu'ils le sachent bien, sa haine les poursuivra sans relâche et sans merci. Du poids de ses œuvres il faut qu'il écrase cette religion maudite; il faut qu'il déchire tous ces vieux langes dont on essaye encore d'envelopper la pensée libre. Vous le verrez abattre le dernier temple et tenir sa plume sous la gorge du dernier prêtre. Cela fait, il se dressera sur les ruines pour montrer les deux poings au ciel, et vous l'entendrez crier à Dieu : « **Je t'ai vaincu !** » C'est la mission qu'il s'impose ; il l'accomplira, dût-il périr à la tâche et se faire écraser lui-même dans la lutte.

— Le pauvre homme ! le pauvre homme !

. . . .

Chose facile à concevoir, ce bon monsieur Tartufe, dans le feu de l'enthousiasme, ne pensait plus à son oreille.

Je la lui tordis légèrement pour le ramener à la question, vu qu'il s'en écartait un peu. Ma prochaine lettre, monsieur, vous donnera la suite de ce dialogue étrange entre votre *collaborateur* et moi.

Soyez tranquille, je tiens le Tartufe, et je ne le lâcherai pas.

QUATRIÈME LETTRE.

IV

Continuant de tenir avec tout le respect possible mon interlocuteur par l'oreille, je lui dis :

— Trêve à ces diatribes irréligieuses ; elles sont aussi infâmes que stupides, et ni vous ni M. Proudhon n'avez l'esprit de Voltaire pour en colorer l'odieux, pour en épicer l'horreur. Achevons d'élucider la question de l'autographe.

— Il fallait vous en dessaisir, me répondit-il cyniquement ; vous auriez vu le tour.

— Quel tour ?

— On aurait crié sur les toits que vous aviez vendu l'archevêque Mathieu à Proudhon, comme Iscariote a vendu le Christ aux Juifs.

— Ah! bah?

— Un peu de calomnie est permise. Et que de gens eussent fait écho! Toutes les rancunes que vous avez soulevées nous seraient venues en aide. Il ne vous restait même plus la ressource de publier la lettre de monseigneur, afin de prouver qu'elle était élogieuse plutôt qu'agressive.

— Je ne comprends pas, cher monsieur Tartufe.

— C'est pourtant bien clair. Donnant dans le piége, vous y donniez de confiance.

— Eh bien?

— Eh bien, cette confiance même était un gage que vous n'auriez pas l'idée de conserver une copie par devers vous. De cette façon, l'autographe aurait contenu... tout ce que nous aurions voulu. Y êtes-vous à présent?

Je restai muet de stupeur.

— Vous le voyez, monsieur, cet honnête Tartufe poussait la sincérité beaucoup plus loin que je ne l'es-

pérais, tant il avait hâte de dégager la partie cartila-
gineuse de son individu, si rudement compromise.

— Je n'ai pas d'autres aveux à vous faire, continua-
t-il : lâchez mon oreille.

— Oh! oui, lui dis-je, à l'instant même, — et je vais
me purifier les doigts! . . . .

N'est-ce pas ici le cas de nous écrier avec Orgon :

Voilà, je vous l'avoue, un abominable homme !

Sérieusement, monsieur, c'est une grande sottise de
choisir vos conseils parmi des personnages de cette
trempe. Vous devez comprendre où ils vous mènent, et
dites-moi s'il est possible de vous considérer aujour-
d'hui comme un écrivain honnête.

Je rétracte absolument tout ce que j'ai pu dire à cet
égard.

N'ayant pas réussi dans votre première manœuvre,
vous avez changé de tactique, et vous me présentez à
vos lecteurs, non comme un Judas, mais comme un
biographe à la discrétion du clergé.

Vraiment la découverte est admirable.

Sans donner à cette assertion plus d'importance

qu'elle ne mérite, il faut pourtant vous dire que, dans certaines attaques, imprudentes peut-être, mais loyales et courageuses, dirigées contre les sauteurs, les hypocrites et les faux apôtres de ce temps-ci, j'ai tenu avant tout à n'exposer que moi-même et à laisser à mon œuvre le cachet de la plus stricte indépendance.

Je ne me suis abrité derrière aucun drapeau, je n'ai pris le mot d'ordre d'aucun parti.

Au diable les bannières et les couleurs !

Qu'elles soient bleues, vertes, blanches ou rouges, elles n'obtiennent un salut de moi que si je les trouve sans souillure et dignes de la France. Je ne me donne mission ni de laver leurs taches ni de boucher leurs trous.

En religion comme en politique, ma conduite est absolument la même.

Je défends le principe de l'ordre sans cocarde, et, pour défendre celui de la foi, je n'ai besoin de m'affubler ni d'un froc de capucin ni d'une calotte de jésuite.

Là, comme ailleurs, vérité tout entière et complète indépendance.

Il faut dire aussi que, dans votre dénigrement systématique, vous êtes d'une impardonnable maladresse. Je n'en veux d'autre preuve que la phrase suivante imprimée à la page cinquante et unième de votre premier volume :

« Je ne *connaissais nullement* M. de Mirecourt, et *je n'avais lu* aucune de ses publications, comme je *n'ai lu encore aujourd'hui que celle qui me concerne.* »

A la bonne heure !

Vous me jugez sans me lire et sans me connaître ; vous déclarez que le clergé me soudoie, sans voir en quel style j'ai parlé des jongleries religieuses de la Restauration et des sottises congréganistes d'une époque où votre ami Tartuffe réglait tout, dirigeait tout et se livrait à ses plus coupables grimaces.

Évidemment, si j'étais, comme il vous plaît de le dire, le très-humble serviteur du clergé, celui-ci m'eût enjoint d'abord de biffer de son histoire les pages qui ne sont point à sa louange.

Là comme ailleurs, il eût fallu, vous le comprenez bien, laver les taches et boucher les trous.

Merci !

Je respecte profondément la religion ; mais je veux,

le cas échéant, donner sur les ongles à ceux de ses ministres qui oublient la parole formelle du Christ : « Mon royaume n'est pas de ce monde. »

Puisque nous y sommes, il faut nous expliquer catégoriquement, sans réticences, de manière à rendre la vue aux *aveugles* et l'ouïe aux *sourds*.

Ici-bas, monsieur, les hommes ne sont rien, les principes sont tout.

L'homme est un singulier animal, un composé de grandeur et de misère, de nobles instincts et de passions funestes, de haute intelligence et de plate bêtise ; toujours prêt à embrouiller les questions et à les tourner dans le sens de ses intérêts ou de ses rancunes ; modifiant les préceptes à sa guise ; jetant les vérités dans le moule de son égoïsme pour les rendre méconnaissables ; gâtant, flétrissant les meilleures doctrines, et dénaturant les lois de la terre comme les lois du ciel.

En conséquence, j'attaque les hommes et je prêche le respect aux institutions.

Chez vous, monsieur, c'est le contraire. Vous suivez la marche diamétralement opposée.

Les institutions, œuvre de la sagesse prudente et de la longue méditation des siècles, vous les broyez sous vos sabots de voltairien brutal, et vous en faites litière. En revanche, vous prêchez le respect aux hommes (lorsqu'ils ne sont pas archevêques), et vous criez contre les biographes qui se permettent des excursions dans la *vie privée*.

Arrêtons-nous.

Voici le point capital, celui qu'il faut pleinement éclaircir. Je veux déchirer le réseau d'hypocrisie qui m'entoure, et auquel vous ajoutez une maille.

Connaissez-vous la quatrième satire de Perse?

Elle est imitée d'un dialogue qui a pour titre : *Le Premier Alcibiade.*

Socrate prend la parole et tance vertement ce jeune Athénien, dont l'histoire, — une gaillarde qui se moque de la loi de 1819, — nous a fait connaître les désordres intimes et la dépravation monstrueuse. Il apostrophe Alcibiade à l'heure où celui-ci *dépose ses insignes entre les mains d'un esclave*, c'est-à-dire, au moment où la vie publique cesse et où la vie privée commence.

Je vous donne, monsieur, la traduction libre.

Le philosophe grec s'écrie :

— D'où te vient, jeune téméraire, cet excès d'orgueil de vouloir gouverner l'État? Où est ton expérience? Qui es-tu? Nous voulons te connaître : ouvre ta maison et montre-nous ta vie! Ton seul mérite est dans le soin que tu prends de ta parure ; tu cultives ta peau matin et soir comme une femme, et tu vas la parfumer au soleil.

« Tu te nourris de mets délicats, et tu viens nous dire : *J'ai le teint blanc,* — précieuse qualité, bien capable, sur ma foi, de t'autoriser à haranguer le peuple et à lui apprendre ses devoirs !

« Et ta débauche, et tes ignominies, défendras-tu qu'on en parle?

« Crois-tu qu'on ne va pas te pousser du coude et répandre de la bile sur tes mœurs? Quand le peuple a la sottise de t'applaudir au dehors, il est ridicule à toi de prendre ces applaudissements au sérieux. Ne cherche point à paraître ce que tu n'es pas. Que cette canaille populaire remporte son encens. Habite ton âme, et vois combien elle est pauvrement meublée!...

Respue quod non es ; tollat sua munera cerdo ;
Tecum habita, et noris quàm sit tibi curta supellex.

Eh bien, monsieur, que dites-vous de ce petit discours de Socrate ?

Y trouvez-vous quelque chose à reprendre ?

N'est-il pas l'écho de la raison souveraine, de ce sentiment inné du juste qui ne s'efface jamais de notre âme, et contre lequel viennent se briser les lois mal faites, les déclamations des rhéteurs et les sophismes des philosophes du désordre ?

Tant qu'un homme reste dans la vie intérieure et ne se produit pas au dehors, avec la prétention d'endoctriner les autres et de prendre en main la direction des affaires publiques, laissez-le vivre à sa fantaisie, toutes portes closes.

Les vices, les crimes, les scandales, tout ce qui est

4

punissable arrive de soi-même au retentissement exté-
rieur et trouve la répression des tribunaux.

Mais quand ce même individu quitte le foyer, quand
il marche droit au forum, quand il escalade la tribune,
quand il veut devenir chef, administrateur, apôtre;
quand il s'occupe, en un mot, des intérêts de tous,
alors, monsieur, ne vous en déplaise, un tel personnage ne s'appartient plus.

Il faut qu'il ouvre à deux battants les portes de sa
vie intime.

Point de secret, point de mystère possible.

La société tout entière a le droit d'aller aux rensei-
gnements, d'exécuter les recherches les plus scrupuleuses, de fouiller les recoins, d'éclairer les ombres.

Eh quoi! c'est vous, monsieur, vous, le partisan des
droits exagérés et des libertés impossibles, c'est vous
qui osez prendre pour devise cette maxime hypocrite :

*La maison de l'administrateur doit être close; il
n'est permis à personne d'y pénétrer, et toute investigation pareille est un attentat à la morale publique*

C'est vous, le logicien par excellence, qui osez couvrir cette absurdité de votre patronage, afin de laisser libre carrière aux gredins qui seront assez habiles pour cacher leur ignominie et paraître honnêtes aux yeux de la multitude?

Lisez donc, je vous prie, **cette courte note**, écrite par **Fabre de Narbonne, traducteur de Perse**, au bas de la satire dont je vous ai donné plus haut l'analyse :

« Où en sommes-nous? Vous voulez séparer l'homme public de l'homme privé? N'est-ce pas le même individu? Serait-il autre sur les marches d'un trône, à la tribune, dans une cour de justice, à la tête d'une armée, chef d'une administration civile, que ce qu'il est au foyer domestique?

Sera-t-il alternativement avare et libéral, impérieux et modeste, intempérant et sobre, intègre et sans probité, grand et pointilleux, doux et colère, grossier et poli, inexorable et compatissant?

« J'en appelle, non aux philosophes, mais aux hommes simples doués seulement du sens commun.

« Pour moi je me défierai toujours de l'homme public qui ne veut pas que l'on porte dans son intérieur
le moindre regard. »

Fabre de Narbonne a raison, monsieur.

Je le prouverai dans une prochaine lettre, pour ce
qui vous concerne, c'est-à-dire en justifiant les détails
biographiques donnés sur vous, — et aussi, vous me le
permettrez, pour ce qui concerne d'autres personnages, dont il est temps que les clameurs cessent et que
l'indigne vengeance finisse.

CINQUIÈME LETTRE.

V

Je vous ai prouvé que j'avais eu raison d'attaquer les hommes (je parle de ceux qui s'exposent à la férule de l'histoire), au lieu de prendre comme vous à partie les institutions les plus respectables et les plus saintes.

D'autre part, la satire de Perse et le sens commun vous démontrent catégoriquement, en vertu des droits de la société même, que l'écrivain peut déshabiller l'homme public.

Tant pis pour l'homme public s'il a des plaies se-
crètes !

Je l'ai dit ailleurs, et je le répète ici :

Ou l'écrivain ment, ou il possède la preuve des faits
qu'il avance.

Dans le premier cas, punissez-le du bagne et même
de l'échafaud ; car l'assassinat moral est le plus odieux
des assassinats.

Mais lui faire payer l'honneur de gens qui n'ont
point d'honneur, mais lui interdire le droit d'appuyer
du moindre témoignage des assertions véridiques,
voilà ce que je déclare inadmissible en législation
comme en morale.

Or, puisque sur les cent volumes de biographies
publiés à cette heure, vous n'avez *lu*, monsieur, que
celui qui vous concerne, daignez parcourir les autres.

J'ose dire, sans exagération d'amour-propre, que
cette lecture est moins soporifique et plus facile que
celle de vos œuvres. Si vous trouvez un seul fait ca-
lomnieux, une seule phrase entachée de mensonge,
un seul mot dicté par la haine ou par la mauvaise foi,
je consens à devenir votre disciple.

C'est le plus effroyable châtiment que je puisse accepter en ce monde.

Reste à prouver si les personnages qui m'accusent d'avoir franchi le seuil de leur vie privée sont des hommes publics et s'ils ont eu le droit de crier à la diffamation.

Nous allons choisir les plus *mécontents*, c'est-à-dire ceux qui m'ont appelé devant les juges ou qui ont jeté les hauts cris dans le journalisme.

ÉMILE DE GIRARDIN

Vous ne discuterez pas celui-là, j'imagine ?

Les sauts de carpe et les métamorphoses sans nombre de l'ancienne *Presse* ne sont point encore, que je sache, passés à l'état de légende.

Voici bien un homme qui est sorti comme vous de sa maison pour se faire apôtre.

Il a prêché la destruction de la famille parce qu'il n'avait point de famille, absolument comme vous prêchez la destruction de la propriété parce que vous n'êtes pas propriétaire.

Jamais rhéteur n'a soutenu en plein soleil le blanc
et le noir, le pour et le contre, le vrai et le faux avec
plus de hardiesse et plus de cynisme.

Donc, Émile de Girardin est un homme public.

GEORGE SAND

Saluez, monsieur, cette implacable ennemie du mariage, qui a jeté si souvent le bonnet de son style par-
dessus les moulins démocratiques!

Pour être un apôtre en cotillon, l'auteur d'*Indiana*,
Dieu le sait, n'en est que plus coupable.

Avec ces qualités brillantes de l'écrivain, que vous
n'avez pas, que vous n'aurez jamais; avec cette manière victorieuse, délicate, pleine de finesse et de
verve, dont la massue qui vous sert de plume est
entièrement dépourvue, madame George Sand a dé-
moralisé son sexe. Elle a prêché haut, elle a prêché
d'exemple.

Donc, madame George Sand est un homme public.

JULES JANIN

> J' suis né Paillass', et mon papa,
> Pour m''lancer sur la place,
> D'un coup d' pied queuqu' part...

Vous savez le reste.

Les tréteaux de celui-ci s'élèvent juste à la hauteur du rez-de-chaussée des *Débats*. Il exerce tous les lundis sur la même corde, avec le même balancier, devant la foule qui l'applaudit et le siffle tour à tour.

> N' saute point-z-à demi,
> Paillass', mon ami...

On compte ceux qu'il a fait rire, mais on ne compte pas ceux qu'il a fait pleurer.

Trop souvent, hélas! la batte de cet arlequin littéraire s'est changée en glaive. Que de renommées plaintives, citées à la barre illégale de sa rancune ou de son caprice, ont en vain demandé grâce!

Point de grâce!

Laissez passer l'exécuteur des hautes œuvres théatrales!

Cela dure depuis trente ans.

De même que Gustave Planche, autre justicier qui opérait sur le billot du matérialisme, sait aujourd'hui que la critique doit *s'exercer à jeun*, M. Janin saura plus tard qu'il n'a le droit ni de s'irriter ni de vomir l'injure, quand on cherche, au besoin, dans sa vie inintime le secret des cruautés littéraires qu'il a commises.

Homme public, Janin, mon ami, — vous êtes un homme public !

EUGÈNE SUE

Et ce romancier de la haine et du désordre, qui empoisonnait chaque jour les quarante-deux mille abonnés du *Siècle*, qu'allons-nous en dire ?

Il est mort, répondrez-vous. Paix à sa cendre !

Non, monsieur, non ; car il n'a malheureusement pas emporté ses œuvres sous la tombe.

Eugène Sue, comme vous, s'acharnait, dans un autre genre, à la propagande ignoble des doctrines de la matière ; il faisait appel aux appétits voraces, aux instincts corrompus.

Avait-on le droit de descendre au foyer de cet agitateur, de montrer cet aristocrate qui jouait au démagogue, cet épicurien forcené qui se consolait des souffrances populaires au milieu d'un harem; ce philanthrope qui a scandaleusement dissipé vingt fortunes, et cela, — curieux spectacle! — à la barbe des socialistes, ses frères, qu'il excitait à dévorer la fortune d'autrui.

Renverser la table de ce banquet immonde, souffleter l'amphitryon, souffleter les convives goulus qu'il appelait aux joies du ventre, est-ce un crime?

Alors, ce crime, je l'ai commis, et je m'en fais gloire.

MONSIEUR BOCAGE

Vous le voyez, je les prends tous l'un après l'autre.

En voici un que les lauriers révolutionnaires du comédien Collot-d'Herbois empêchent de dormir depuis les journées de juillet.

Pauvre nature, pétrie de ridicule et d'orgueil.

Ce noble ami de la citoyenne Sand n'en est pas moins convaincu, jusqu'au fond de l'âme, que la France a commis une injustice énorme en ne lui accordant pas la dignité de premier consul. Il a voulu monter à cheval en 1848, comptant sur un triomphe populaire, et sur toutes ses conséquences. Chaque soir, pendant les jours sinistres et les heures de tempête, il a fait hurler la *Marseillaise* aux échos du théâtre dont il avait le privilége.

En un mot, il a manifesté de la manière la plus éclatante l'intention de passer de la rampe au Forum.

Halte-là, citoyen !

Désolé de mettre obstacle à vos rêves ambitieux. Mais on siffle partout les mauvais acteurs; on arrache les oripeaux, on montre le squelette, et tout est dit.

JULES-ISAAC MIRÉS

Le terrain devient brûlant. Procédons avec logique et parlons avec calme.

Vous connaissez l'histoire du bouc d'Israël, un animal fort innocent, qui portait le poids des iniquités de la nation juive, aux siècles anciens. Les Juifs, dans tous les temps, ont commis beaucoup d'iniquités. Eh bien, l'histoire de ce malheureux quadrupède ne manque pas d'une certaine analogie avec la mienne.

On m'a très-rudement écrasé les doigts à coups de férule pour un article que vous avez écrit sur Jules-

Isaac Mirès et que j'ai eu la naïveté de reproduire, monsieur.

En conséquence, il vous sied mal de me jeter la pierre.

Cet article, on peut le lire encore aujourd'hui dans toutes les éditions de votre *Spéculateur à la Bourse*, page 131. Notez, je vous prie, que je ne le condamne pas. Il rentre tout à fait dans ma manière de voir.

Mais, pour une fois que cela m'arrive avec vous, je ne suis pas heureux.

Jules-Isaac Mirès, plus que tout autre, est un personnage qui appartient à l'analyse et qu'on a le droit de présenter au public sous ses faces les plus cachées, parce que c'est un homme-réclame, un banquier-trompette, qui souffle du matin au soir dans le fifre du *Pays* et dans le cornet à bouquin du *Constitutionnel* pour attirer les capitaux et les faire pleuvoir aussi dru que possible sur le vaste réservoir de sa caisse.

De leur nature, monsieur, les capitaux sont imprudents.

La pièce de cent sous a la tête folle.

Elle roule de droite et de gauche, à tort ou à travers, sans voir le piége, car elle est aveugle ; donc, il faut lui crier : « Casse-cou ! » et ne pas attendre qu'elle soit au fond du... sac.

Avant que, vous et moi, nous ayons eu l'honneur de discuter le célèbre banquier juif, y avait-il eu, oui ou non, des entreprises financières directement placées sous sa tutelle et suivies de désastres?

Oui.

Donc, il appartenait à la discussion, des pieds à la tête, corps et âme; donc il a eu tort de se plaindre, et surtout de me faire payer, monsieur, les pots que vous aviez cassés.

En réponse à vos articles comme aux miens, Jules-Isaac Mirès n'avait qu'un parti à prendre : ENRICHIR SES ACTIONNAIRES. Il le fera peut-être un jour.

Ainsi soit-il !

De tout ce qui précède, il faut conclure que mes torts de biographe sont beaucoup moins énormes qu'il n'a plu à tous les personnages cités plus haut de le proclamer.

L'histoire vivante rencontre à chaque pas, dans sa marche, les broussailles de l'amour-propre et les or- tières de l'hypocrisie. Que de gens, hélas! ont intérêt à faire trébucher l'historien et à l'assommer sur place.

Heureusement la vérité a le crâne solide.

« Frappe, mais écoute ! »

Voilà ma devise. Elle n'est pas neuve ; toutefois, son ancienneté même en garantit la valeur, et ce qui occasionne ma faiblesse dans le présent sera ma force dans l'avenir.

SIXIEME LETTRE.

VI

Je suis affligé, monsieur, de l'incident judiciaire qui vient de se produire et de votre condamnation par la sixième chambre.

Un coupable condamné devient presque intéressant, et je me trouve aujourd'hui quasi embarrassé pour vous écrire. Je ne voudrais pas être cruel, mais je ne voudrais pas non plus atténuer vos torts. Acceptez mon compliment de condoléance, et achevons de discuter, je vous prie, comme si rien ne s'était passé au Palais de justice.

Une charmante femme, dont vous n'avez pas l'estime, — j'ai le regret de vous l'apprendre, — vient de m'écrire un billet où se trouve ce passage :

« Il vous est défendu de parler politique dans les articles que vous adressez à M. Proudhon. Laissez de côté le socialiste et l'économiste; mais au moins réfutez le philosophe insolent qui outrage notre sexe. Vengez-nous ! »

Si un autre autographe qu'un autographe d'archevêque peut vous être agréable, monsieur, je tiens celui-ci à votre disposition.

Justement la prière qu'on m'adresse touche au point capital de votre biographie dont vous avez l'outrecuidance de vous plaindre : je dis l'outrecuidance, et ceux qui liront tout à l'heure les pages que vous écrivez sur la femme seront entièrement de mon opinion.

Vous m'accusez d'entretenir le public d'une *personne qui ne recherche pas la célébrité, et dont la philosophie n'alla point*, dites-vous, *jusqu'à mettre les sacrifices de l'amante avant la dignité de l'épouse.* Je vous défends de montrer une ligne, une seule, qui contienne la moindre offense envers cette personne.

Escobar et Tartufe sont encore ici derrière vous.

Il vous plaît d'apporter la lumière où j'ai laissé l'ombre, afin de m'amener sur le terrain de la loi de 1819 dans les conditions véritablement interdites, c'est-à-dire en me forçant à mettre en cause une individualité à côté de la vôtre, et cela sans aucune des nécessités morales que j'invoque ailleurs.

Pour le coup le piége est trop visible.

Ce que j'ai voulu prouver, ce que je veux prouver encore, c'est que vous mentez en affirmant que les hommes chastes trouvent en vous un modèle. Il s'agit d'éteindre l'auréole de continence héroïque dont vous entourez votre crâne de faux apôtre.

Qu'est-ce que la chasteté, monsieur? C'est la vertu des anges.

Or, permettez-moi de vous le dire, vous êtes un démon, *un vrai démon!* comme chante Raimbaud dans *Robert-le-Diable.*

Pour en convaincre mes lecteurs, il suffira de leur mettre sous les yeux ces lignes passablement infernales tombées de votre plume :

Viens, Satan! viens, le calomnié des prêtres,

Il y a longtemps que je te connais, et tu me connais aussi. Tes œuvres, ô le béni de mon cœur, ne sont pas toujours belles et bonnes; mais elles seules donnent un sens à l'univers et l'empêchent d'être absurde. Que serait sans toi la Justice? un instinct; la raison? une routine; l'homme? une bête... »

Et cœtera!

Je vous félicite, **monsieur**, **de** vos relations avec l'enfer et des affectueux élans qui vous portent vers l'esprit impur.

Mais, direz-vous, le Satan dont je parle, c'est la *Liberté*.

D'accord, votre *Liberté* à vous... On la connaît!

Je trouve tout simple qu'elle vous inspire cette prosopopée monstrueuse, poussée jusqu'aux dernières limites du blasphème.

Revenons à votre continence.

Que diriez-vous d'un homme affamé jusqu'à la rage et qui, voyant qu'on lui ferme obstinément les portes de la salle à manger, viendrait vous dire avec orgueil:

— Je suis sobre! »

Vous partiriez d'un éclat de rire au nez de la so-
briété de ce monsieur. J'en fais autant, ne vous déplaise, au nez de votre continence.

L'amour est un festin délicat, servi par un sexe aimable à un autre sexe qui ne l'est pas toujours. Il ne
faut pas venir avec des façons de rustre demander sa
place au banquet, sinon, vous le comprenez, on court
grand risque d'en être exclu. La table fugitive trompe
l'appétit du convive brutal, comme le pommier mytho-
logique trompait, chez Pluton, la bouche vorace du
roi de Phrygie.

Ah! c'est comme j'ai l'honneur de vous le dire!

Je crains, monsieur le philosophe, que la rudesse de
vos manières, votre voix d'ogre et vos sabots de pay-
san du Danube n'aient effarouché ces dames. Évidemment, vous avez trouvé porte close et table absente,
quand il vous a pris fantaisie de dîner.

Voilà pourquoi vous êtes *sobre*.

Je ne vous conseille pas de vous en faire un mérite.

Il y a dans vos raisonnements sur la femme, comme
dans vos raisonnements sur la propriété, sur la religion, sur l'ordre social, sur tout ce qui vous fait obs-

tacle, une rancune furieuse, une haine implacable, qui se trahit à chaque ligne, et qui fait hausser les épaules à l'homme sage, quand elle ne lui cause pas les frissons de l'horreur et les nausées du dégoût.

Il faut bien, hélas! pour en venir aux preuves, citer les passages, et c'est une triste besogne.

Par respect pour le sexe que vous insultez et par respect pour moi-même, je tairais la *phrase ignoble* et le *mot infâme*, si des milliers d'exemplaires n'avaient malheureusement pas trompé la saisie tardive et ne couraient pas le monde.

« Ce qui distingue la femme, dites-vous, c'est l'inertie de l'intellect. Elle n'est douée d'aucune initiative; elle ne s'avise pas des choses, et, sans l'homme, elle ne sortirait pas de l'*état bestial.*

« D'elle-même la femme est impudique (tome III, page 372). Si elle rougit, c'est par crainte de l'homme.

« Improductive par nature, sans industrie ni entendement, sans justice et sans pudeur, elle a besoin d'un maître qui lui donne, pour ainsi dire, l'*aimantation* et la rende capable des facultés sociales et intellectuelles.

« On prétend que les femelles d'animaux, par je ne

sais quel instinct, recherchent de préférence les vieux mâles, les plus méchants et les plus laids; la femme se comporte de même, et, pour rester dans l'ordre moral, elle *préférera toujours* un mannequin conteur de fleurettes à un honnête homme. La femme est la désolation du juste. Un *crime commis pour elle* la touche au suprême degré; par contre, elle n'a que du dédain pour l'homme capable de sacrifier son amour à sa conscience. C'est Vénus qui, de tous les dieux, choisit Vulcain, boiteux, graisseux, couvert de suie, et se dédommage ensuite avec Mars et Adonis. La *Mythologie chrétienne* a reproduit ce type dans la *bonne amie* de Saint-Eustache, qui, dit le peuple, donnait la préférence au *premier venu*.

« Qu'est-ce que la justice pour un cœur de femme? de la métaphysique, de la mathématique. Ce que la courtisane vénitienne disait à Jean-Jacques est le secret de toutes les femmes. Leur triomphe est de *faire prévaloir l'amour sur la vertu*, et la première condition pour rendre une femme adultère est de lui jurer qu'on l'aimera et l'estimera davantage pour son adultère (page 367).

« Chez les animaux c'est la femelle qui *recherche le mâle* et lui *donne le signal*; il n'en est pas autrement de la femme telle que la pose la nature et que la saisit la société. Toute la différence qui existe entre elle et les autres femelles est que *son rut est permanent* et quelquefois *dure toute la vie*.) Elle est *coquette*, n'est-ce pas tout dire? Et le plus sûr moyen de lui plaire n'est-il pas de lui épargner la peine de *se déclarer*, tant elle a la conscience de sa *lascivité* (page 370 et 371), etc., etc. »

Relisez-vous de sang-froid, monsieur, et, si la rougeur ne vous monte pas au front, je vous plains.

En imprimant cette diatribe immonde, vous oubliez que vous avez une femme et que vous avez eu une mère.

De quel droit, s'il vous plaît, venez-vous peindre la démoralisation de la nature comme la nature elle-même? Est-ce que vous prenez un bossu pour modèle de l'Apollon phrygien? Offrirez-vous M. de Voltaire comme le type de la piété? Recommanderez-vous Piron comme un professeur de décence? Pour faire le portrait d'une chaste épouse, emprunterez-vous le visage de Messaline?

Quelles femmes avez-vous connues, juste ciel! et

dans quel cloaque d'ignominie avez-vous étudié la question de la pudeur?

Satan, votre maître bien-aimé, ne vous a pas instruit à demi dans la science du blasphème. Vous prenez à tâche, comme le génie du mal, de flétrir, ici-bas, tout ce qui a droit à notre estime, à nos respects, à notre amour. Heureusement il est inutile de vous suivre pas à pas dans une série de paradoxes qui tombent de prime abord devant l'indignation qu'ils soulèvent.

Il y a des vérités si éclatantes, monsieur, que tous les nuages amoncelés autour d'elles par les sophistes ne parviendront jamais à les obscurcir.

Le mérite de la femme est de ce nombre.

Quand la femme se déprave, elle se déprave par nous, à cause de nous. C'est l'ange tombé du poète ; c'est Éloa, la vierge séraphique, dépouillée de sa couronne par un démon fascinateur.

En dehors des louanges fades et de l'argumentation cotonneuse de MM. Legouvé père et fils, la philosophie de l'histoire est là pour vous démontrer catégoriquement que tous les peuples qui n'ont pas eu le respect de la femme et qui ont rejeté le concours d'une influence éminemment civilisatrice ont été des peuples esclaves et des peuples maudits.

Dieu nous a donné la femme pour compagne et pour sœur.

Plus faible que nous dans l'ordre physique, afin que cette faiblesse même la cloue au foyer dont elle est gardienne, elle est notre égale en intelligence, nous surpasse en finesse d'esprit, et nous est évidemment supérieure pour tout ce qui a rapport à l'ordre moral.

A elle les vertus intimes, les dévouements obscurs, les héroïsmes sans récompense.

A elle les tendresses infinies, la maternité sublime, la sainte candeur, la délicatesse, la pureté, la grâce.

Vous avez beau dire et vous avez beau faire : dans ce grand arbre de l'humanité planté par Dieu, vous êtes le tronc solide, la branche nerveuse, l'écorce protectrice; mais la femme est le verdoyant feuillage; elle est la fleur, elle est le parfum.

Il faut le dire, et le dire avec cette brutalité d'expression qui vous distingue et qu'il est permis de retourner contre vous, monsieur : vous raisonnez de la femme comme le premier taureau venu raisonnerait des génisses qui l'entourent, s'il était doué de la parole.

A vous en croire vous-même, il y a dans vos goûts

et dans vos mœurs quelque chose des mœurs et des goûts de ce roi du pâturage ; témoin la phrase que voici, phrase caractéristique, empruntée au même livre où nous avons puisé déjà de si aimables citations :

« Quel plaisir autrefois de me rouler dans les hautes herbes, que j'aurais voulu brouter comme mes vaches ! »

Vous ne le nierez pas, c'est écrit (tome II, page 94, lignes 29 et 30).

Après une déclaration semblable, vous sentez, monsieur, que l'archevêque de Besançon, les propriétaires, le gouvernement, les femmes, tous ceux qui sont victimes de vos outrages, et votre serviteur par-dessus le marché, nous avons le droit de vous envoyer paître.

C'est une conclusion conforme à vos appétits.

Si vous en désirez une autre, je puis répéter ce qui vous offusque si fort dans votre notice biographique :

« Il y a deux hommes qu'un dictateur, en temps de révolution, doit faire taire, n'importe à quel prix. C'est M. Proudhon et M. Émile de Girardin ; le premier parce qu'il a trop de conscience dans le mensonge ; le second parce qu'il n'en a pas du tout, même dans la vérité. »

Je maintiens ce paragraphe, et je le maintiens avec la prétention (notez ceci, de grâce) de ne point offenser le moins du monde le principe de la pensée libre. La liberté ne consiste pas à s'approcher d'un baril de poudre avec des allumettes chimiques.

Je maintiens aussi énergiquement le droit d'excursion dans votre vie intime.

Vous êtes l'homme public, vous êtes l'homme dangereux par excellence. Il faut chercher n'importe où des armes pour vous combattre; il faut montrer par l'histoire de votre enfance et par celle de votre âge mûr que l'envie et la haine, deux passions funestes auxquelles votre âme est en proie, vous aveuglent et forgent ce marteau de démolisseur avec lequel vous vous escrimez à faire des ruines.

Quant aux insinuations que vous lancez contre mon honneur littéraire avec une perfidie pleine d'adresse (je vous rend justice à cet égard), permettez-moi de vous répondre par une autorisation formelle de prendre toute ma vie et de la fouiller dans ses plus secrets détails.

Une jolie revanche que je vous offre là, monsieur ! qu'en dites-vous ?

Je vous jure, en face du public qui nous écoute, de ne vous intenter aucun procès devant les chambres correctionnelles. Arrivez, preuves en main, comme un honnête homme doit le faire, et ne descendez pas aux bassesses de la calomnie masquée, — fi donc !

Hélas ! j'ai eu comme vous, comme tous les déshérités de la fortune, les embarras de la vie matérielle. Vous trouverez aussi dans mon histoire le chapitre des passions ; mais je vous défends d'y rencontrer un seul acte, un seul fait qui soit contraire aux lois de la délicatesse et de la probité.

Pourquoi donc venez-vous à votre tour, vous aussi, proférer ce mot hideux de *chantage*, que mes ennemis jettent, depuis deux années entières, à tous les échos de la publicité pour déshonorer mon œuvre ?

Là-dessus, je vous l'annonce, leur confusion sera bientôt complète. Je remercie la Providence qui, en m'envoyant la ruine, m'autorise à poser *légalement* des chiffres et à souffleter le mensonge par un simple compte de *doit* et *avoir*.

Cela dit, revenons à votre livre.

Ici commence la partie philosophique et scientifique,
pour laquelle mon collaborateur est venu m'apporter
le secours de son talent et de ses lumières.

La question personnelle est vidée.

Maintenant, il s'agit d'attaquer de front vos doctrines, de renverser pierre à pierre l'édifice d'opprobre
et d'impiété que vous voulez construire et de défendre
contre vous l'ordre, la morale et la religion. J'espère
démontrer la cause de votre profonde horreur pour le
catholicisme. Vous comprenez à merveille qu'il est le
seul obstacle à vos projets de bouleversement, l'unique sauvegarde contre vos folles tentatives, et là est
tout le secret des attaques indécentes que vous dirigez
contre lui.

La croix arrête le bonnet phrygien. C'est vraiment
dommage !

SEPTIÈME LETTRE.

VII

Il y a deux mille deux cents ans, vivait à Éphèse un personnage qui, pour s'immortaliser, incendia le temple de Diane. Ceci eut lieu pendant la nuit même où naissait, en Macédoine, un homme que le désir de se rendre immortel devait aussi tourmenter plus tard. Vous le devinez, monsieur, je parle d'Érostrate et d'Alexandre le Grand.

Pour déjouer le rêve coupable de l'incendiaire, on défendit de prononcer son nom.

Mais cette défense ne réussit qu'à mieux graver dans

la mémoire des âges le nom d'Érostrate, et nous le
trouvons aujourd'hui en première ligne parmi ceux
des fous et des criminels célèbres. C'est à peine si le
nom du conquérant éclipse celui du boute-feu.

Or, chaque siècle a vu des hommes jaloux de conquérir la funeste gloire du grec d'Éphèse, et notre siècle
ne pouvait être déshérité de ce genre d'illustrations.
Parmi elles, vous pouvez vous flatter, monsieur, d'occuper une place distinguée.

Il faut même vous rendre cette justice que vous dé-
passez de cent coudées l'Érostrate antique. Celui-ci
se contenta d'incendier un temple; vous porteriez la
flamme avec joie, s'il était possible, au sein du globe,
afin que la postérité la plus lointaine pût vous contempler à la lueur des volcans. Érostrate brûla le sanc-
tuaire d'une déesse de l'Olympe; M. Proudhon brû-
lerait volontiers le Dieu des chrétiens avec la même
torche.

Que de soins n'avez-vous pas pris et ne prenez-vous
pas encore pour assurer l'immortalité à votre nom
d'incendiaire! Que de coups de pistolet tirés dans la
rue pour attirer l'attention des passants!

Un beau jour, éclate comme une bombe, au milieu de la société mal assise de 1848, votre mot fameux :

LA PROPRIÉTÉ C'EST LE VOL!

Et nos bourgeois de regarder autour d'eux avec épouvante, afin de découvrir l'auteur de cet anathème qui menaçait leur fortune.

De ce jour-là, monsieur, vous fûtes effectivement célèbre. Votre nom, comme celui du Croquemitaine des contes de fée, passait à l'état de mythe et de symbole. Mais pour vous ce premier titre à l'immortalité ne suffisait pas. Proclamer que la propriété c'est le vol, nier la légitimité de l'un des fondements de l'édifice social, rien de mieux; ceci pouvait être considéré comme un coup de maître, et l'Érostrate d'Éphèse était vaincu par l'Érostrate de Paris. Néanmoins, selon vous, il y avait mieux à faire. La propriété morte, restait debout le principe fondamental, cause et fin de toutes choses; restait Dieu.

Soudain retentit dans la rue un second coup de pistolet.

DIEU, C'EST LE MAL!

Et les passants de se détourner de nouveau. Ils regardent, lèvent le nez en l'air pour voir d'où est parti ce blasphème, et ils aperçoivent, à sa fenêtre, Érostrate-Proudhon, souriant d'orgueil et tenant à la main son pistolet qui fume encore.

L'honnête philosophe croit voir déjà le temple s'écrouler, le ciel désert et jonché des débris du trône de Dieu, le monde bouleversé de fond en comble, et son nom gravé sur chaque pierre de l'édifice social en ruines.

Il faut en convenir, ces insolents paradoxes eussent immortalisé vingt Érostrates.

Jamais les échos de l'univers n'en avaient entendu et reproduit d'aussi monstrueux; mais pour vous, monsieur, cela ne suffisait pas encore. Vous passez trois ans à construire une formidable machine de guerre, à la bourrer jusqu'à la gueule de projectiles de toutes sortes, depuis le boulet de gros calibre du sophisme jusqu'à la mitraille des quolibets; puis, un beau matin, la machine éclate sous la forme de trois volumes compactes et lourds, les plus radicalement subversifs peut-être qui soient jamais sortis de la presse depuis que Guttemberg l'inventa.

S'il était donné à ces trois volumes de produire les ravages et de réaliser le cataclysme qu'ils ont en vue, jamais l'enfer n'assisterait à pareille fête, jamais la terre et le ciel n'auraient porté pareil deuil.

LA MORALE ET LA RELIGION SONT INCOMPATIBLES!

Voilà, monsieur, votre troisième coup de pistolet, digne des deux premiers.

Jusqu'aujourd'hui, tous les siècles, tous les peuples, tous les hommes avaient cru que la Morale et la Religion marchaient ensemble ; celle-là s'appuyant sur celle-ci comme sur une sœur aînée. Chez toutes les nations, le type de l'homme moral fut l'homme sincèrement religieux. Quand les Romains voulaient donner une haute idée de la vertu d'un personnage, ils l'appelaient *pius*. Vous avez lu Virgile et son poëme ; il est donc inutile d'invoquer le *pius Æneas* à l'appui de notre assertion.

Pieux envers le ciel, dévoué envers les hommes, ce fut, de tout temps, le *nec plus ultra* de la vertu humaine.

6.

Ainsi jusqu'à vous, monsieur, l'humanité s'était péniblement débattue dans un dédale d'erreurs; elle avait cru à l'existence de Dieu, vous le savez et vous le déplorez éloquemment; elle s'était dit, dans l'aberration de son intelligence : Je ne me suis point faite moi-même; je n'ai point créé ce globe, théâtre de ma vie, non plus que ces espaces immenses, tout parsemés de mondes radieux, à travers lesquels se promènent mon œil ébloui et ma pensée confondue. Qui a jeté la terre au milieu de cette immensité? Qui m'a jetée moi-même à la surface de la terre? Quel pouvoir sublime déroule dans la profondeur des cieux ces spirales de soleils qui gravitent en silence vers un centre commun? Quelle main déploie sur ma tête, comme une tente d'azur, constellée d'or, ce firmament tout scintillant d'étoiles?

Saisie d'admiration, pénétrée de gratitude, l'humanité se prosternait devant l'Ordonnateur suprême; elle lui adressait des vœux, des actions de grâce, des prières.....

Ignorante humanité !

Bien certainement elle ne savait pas commettre un acte coupable, en adorant et en priant son Créateur; elle ne savait pas que, du jour où elle fut religieuse, elle devenait par cela même *immorale !* Il lui a fallu attendre soixante siècles la naissance d'un homme plus éclairé à lui seul que tous les hommes passés, présents et futurs. Cet homme lui dit au nom sacré de la JUSTICE :

— Qu'il y ait un Dieu ou qu'il n'y en ait pas, que t'importe ? Qu'il y ait une vie future ou qu'il n'y en ait pas, que t'importe encore, et à quoi bon te donner la peine de le vérifier ? Ce sont là questions oiseuses, futiles ou même funestes. Tu ne seras *morale*, ô humanité, qu'à la condition d'être *impie*. Tous tes maux n'ont-ils pas été engendrés par tes pratiques dévotes ?

C'est la religion qui, en obscurcissant de longue main les intelligences, a altéré en elles le sens du droit et a produit la dissolution qui nous fait périr.

Tu es la reine de l'univers, ô humanité !

Tout ce qui est en dehors de toi est inférieur à toi ; tu es à toi-même ton Dieu, ton principe et ta fin ; tu es la *Justice* et sa sanction ; tu ne dois courber le front devant aucune majesté de la terre ou du ciel !

Vous en conviendrez, monsieur, voilà le sens complet, sinon littéral, de votre préface, et vous concluez par ces trois lignes, qu'on peut lire à la page 38 de votre premier volume :

« Sans tolérer davantage une *croyance perfide*, je prends contre l'Église et contre Dieu fait et cause pour la Justice, et je m'en constitue moi-même le GARANT *et le* PÈRE. »

Monsieur Proudhon père de la Justice !

En vérité, je n'aurais pas cru qu'il fût possible à un philosophe d'atteindre ainsi, du premier élan, le sommet le plus élevé du grotesque.

O père de la Justice, laisse-moi rire tout à l'aise de tes fanfaronnades colossales ! Impossible de prendre au sérieux tes discours, et vraiment, si tu crois un mot de tout ce que tu débites là, je te plains de grand cœur.

Ton orgueil, ô père de la Justice, a tué ta raison !

HUITIEME LETTRE.

VIII

Ainsi, monsieur, le monde ressemblait à une pyramide, dont Dieu était la base : vous renversez la pyramide d'un coup de plume, et vous la posez sur sa pointe.

C'est un joli tour de force !

Nouveau Titan, vous entassez sophismes sur blasphèmes, vous escaladez le ciel, vous en chassez le maître. Dès à présent, et grâce aux trois volumes publiés chez Garnier frères, il est défendu au Créateur de s'occuper de ses créatures et de leurs actes. Vous niez à Dieu tout droit à notre reconnaissance et à notre adoration. Tranchons le mot, vous niez Dieu lui-même, car un Dieu sans providence n'existe pas.

« De quoi Dieu se mêle-t-il ? » vous écriez-vous avec une brutalité de langage qui donne le frisson, et avec une audace qui fait songer involontairement à la foudre vengeresse : «Dieu s'intéresse-t-il aux fonctions de mon organisme? Pourquoi s'intéresserait-il plus à ma vie morale ? »

Bravo, monsieur, bravo !

Cette assimilation de la vie spirituelle, de la vie de l'âme aux brutales fonctions de l'organisme animal est d'une convenance parfaite. On reconnaît le tact du *père de la Justice* et le soin qu'il prend de la dignité de sa *fille*.

Pardon de vous avoir arrêté en si beau chemin. Je vous laisse poursuivre :

« Qui nous délivrera de l'*immortalité de l'âme* et de l'*Etre suprême?* Qui nous débarrassera de l'*adoration* et de l'*autorité?* Nous ne savons plus philosopher, nous en revenons toujours à notre *vomissement.* »

Notre *vomissement* c'est Dieu.

« Saurons-nous mettre bientôt enfin hors de la philosophie morale toutes ces *hypothèses d'autre vie*, de *grand maître de nos destinées ;* puis, cette élimination opérée, nous *occuper de ce qui nous regarde ?* »

Éliminer *Dieu* et la *vie future* pour nous occuper de *ce qui nous regarde* compose vraiment un assemblage de mots superbe, plein de sens et de logique.

Le fait est que l'existence de Dieu et la réalité d'une autre vie ne nous regardent en aucune façon.

Holà, bonnes gens, de quoi vous occupez-vous ? Que l'univers se soit créé tout seul, que l'homme ait poussé tout à coup, au pied d'un arbre, comme un champignon, ou que l'un et l'autre soient l'œuvre d'un créateur commun, dormez en repos, — il n'y a rien là qui doive vous causer la moindre alarme. Que l'homme, né d'hier, retombe demain dans le néant, ou que Dieu lui ait imposé la vie comme une épreuve, au sortir de laquelle la récompense ou le châtiment l'attendent,— c'est une chose d'un intérêt plus que médiocre. Que nous soyons tout entiers boue et matière, ou que le Créateur nous ait doués d'une âme immortelle, — à quoi diable allez-vous songer, je vous prie ? Ce sont autant de questions entièrement dénuées d'intérêt, des questions *qui ne vous regardent pas.*

Il faut l'avouer, monsieur : depuis l'impur XVIIIᵉ siècle, le siècle de Voltaire et de la Dubarry, le siècle du baron d'Holbach et de Marat, la France n'avait pas entendu prêcher d'aussi étranges, disons le mot, d'aussi abominables doctrines.

Ainsi nous voilà retombés dans les bas-fonds du matérialisme athée. Nous ne pouvons toucher Dieu de nos mains, le voir de nos yeux : donc il n'existe pas, ou du moins nous serions absurdes d'aller à sa recherche. Dieu c'est l'*absolu*, et vous avez horreur de l'*absolu*, monsieur le philosophe.

« Toute chose absolue, dites-vous, étant au-dessus de la portée de ma raison, je ne dois pas m'occuper de l'absolu. »

Qu'on vous parle de l'âme : absolu !

Qu'on vous parle de la création : absolu !

Matière, vie, conscience, toujours et partout l'absolu. Vous le voyez à droite, vous le voyez à gauche, vous le voyez par devant et par derrière ; il vous poursuit, vous en rêvez, il vous donne le cauchemar. L'absolu est le père de tous les maux, comme vous êtes le père de la Justice.

Il n'y a rien là que de fort simple, puisque l'*absolu c'est Dieu*, et que *Dieu c'est le mal*.

Vous voyez, nous sommes en plein dans vos doctrines.

A la page 182 de votre second volume, je trouve cette phrase curieuse :

« La science doit éliminer l'absolu avec le plus grand soin. Elle n'a pas droit de s'occuper des substances, bien qu'elle les suppose, et elle n'a pas le droit de les nier, bien que l'observation ne lui en ait rien appris. »

Ce qui revient à dire, si je vous comprends, que la science n'a pas le droit non plus d'affirmer les substances. En effet, puisque l'*observation ne lui en a jamais rien appris*, comment pourrait-elle les connaître ? Pauvre science humaine, elle est vraiment dans un étrange embarras ! Le monde des substances tout entier lui échappe, et à la porte du monde des *absolus*, inabordable Éden, veille l'archange Proudhon, armé de sa plume flamboyante.

Que devient alors cette malheureuse science et que lui reste-t-il d'accessible ? Les relations des substances, les rapports, les phénomènes, — piètre lot ! Mais qu'y faire ? Selon vous, monsieur, c'est là tout ce que la raison peut atteindre.

Franchement, vous avez une manière étrange de relever la dignité de l'homme, rabaissée par le spiritualisme.

Ainsi, d'une part, le matérialiste dit :

« Tu iras jusqu'à la constatation du phénomène, et là doivent s'arrêter tes efforts. Le monde des substances échappe à tes recherches : pourquoi prendre ton vol et t'élancer dans les sphères interdites ? Replie tes ailes et reste sur la terre ; il t'est défendu d'aller plus loin, *non procedesampliùs.* »

D'un autre côté le spiritualiste dit :

« Prends ton essor et monte jusqu'au pied du trône de Dieu ! Cherche, scrute, observe. Le maître de toutes choses a bien voulu soulever pour toi un coin du voile qui recouvre le monde invisible, et la raison, flambeau de la philosophie humaine, sert à guider l'homme vers la foi, flambeau de la philosophie divine. »

Eh bien, répondez : lequel du spiritualiste ou du matérialiste se montre le plus soucieux de la dignité de l'homme ? Lequel préconise d'une façon plus merveilleuse les facultés de la raison ? Puisque la vérité vous échappe, quoi que vous fassiez, à vous partisan du scepticisme, veuillez me dire comment vous avez l'outrecuidance d'écrire une ligne, une seule, quand il s'agit du monde des réalités métaphysiques?

Parlons bas, et dites-moi ce que devient votre fameuse JUSTICE, avec ce beau système.

Hélas! comme tout le reste, elle tombe à l'état de pure relation, de simple phénomène!

Ne voilà-t-il pas une Justice bien assise?

Vous passez, monsieur, pour un logicien de première force, et je me demande sur quelle base vos amis établissent cette réputation singulière.

« La Justice, dites-vous, est une science expérimentale, » — comme la chimie, sans doute, comme la physique, comme les sciences naturelles? Vous ajoutez : « La conscience de l'homme, avant l'excitation de la société, est *vide*, sans connaissance du bien et du mal. »

Que devient alors votre théorie de l'*immanence*, base de votre prétendu système moral?

Si la Justice est *immanente* dans l'âme humaine, qu'a-t-elle besoin du concours de l'expérience, et comment l'âme est-elle *vide* et sans connaissance du bien et du mal? Dès que l'expérience seule peut nous enseigner la Justice, à quoi bon l'immanence de la Justice?

Voyons, tirez-vous de ce dilemme, grand logicien !

Sur ma parole, vous et vos pareils, vous êtes d'étranges instituteurs des peuples. Que savez-vous, et que pouvez-vous nous enseigner? Nous vous demandons : Y a-t-il un Dieu? quel est-il? Vous nous répondez : — Je l'ignore.

Avons-nous une âme? quelle est sa destinée? — Je l'ignore.

Cette vie terrestre est-elle le seul but de la création, où n'est-elle que le prélude d'une autre vie? — Je l'ignore.

Vous ignorez tout ce qu'il y a, pour l'homme, de plus essentiel à connaître, et vous prétendez être seul de force à l'instruire. C'est une prétention qui est au moins discutable, et qu'un enfant de sept ans ne vous verrait pas afficher sans vous rire à la barbe, monsieur le philosophe.

Mais, j'oubliais..... pardon !.... Vous estimez toutes ces questions futiles. C'est de l'*absolu*. Quand vous avez prononcé ce mot, vous vous rengorgez et vous tirez l'échelle. Sous le spécieux prétexte de nous élever à la dignité de notre *moi*, vous circonscrivez notre existence morale, vous l'enfermez dans les étroites limites de l'horizon terrestre. Vous rapetissez notre âme, ou plutôt vous l'anéantissez; vous lui coupez les ailes, vous lui défendez toute pensée, toute aspiration vers l'infini. Vous dites à l'homme en lui montrant la terre :

— Voilà ton seul, ton unique domaine. Tu y es né, tu y respires, tu y mourras et tu y pourriras. Il n'y a pour toi ni ciel, ni Dieu, ni autre vie.

Merci bien !

Et vous appelez cela, monsieur, relever la dignité de notre nature?

— O homme ! tu es le roi de l'univers. Ta raison ne doit succomber devant aucune autre raison. Tu es le bien, tu es la Justice, tu es roi, tu es Dieu !...

Et à ce roi, vous élevez un trône de boue; à ce Dieu, vous offrez la terre pour ciel ; à cette raison superbe, vous donnez le scepticisme pour critérium, le doute pour piédestal?

Vous retranchez l'Etre suprême, vous faites le monde orphelin, selon la belle expression de l'auteur des *Recherches sur la vertu* (1) : rien de surprenant si la vérité vous échappe, si vous vous débattez dans l'incertitude, et si à toute question transcendantale vous répondez par ce mot de Montaigne :

« Que sais-je ? »

Éclaireur maladroit, vous éteignez le flambeau, et vous vous plaignez de ne pas y voir.

« Tout État, dit Rivarol, est un vaisseau mystérieux qui a ses ancres dans le ciel. »

Cette pensée du brillant écrivain s'applique avec autant de justesse à l'humanité en général et à l'homme en particulier. Notre âme aussi est un vaisseau qui a ses ancres dans le ciel, et nos facultés, nos aspirations, notre être moral tout entier sont autant de liens qui nous attachent à Dieu.

Armé de la hache à deux tranchants de la matière

_____

(1) Shaftesbury.

et de l'athéisme, vous venez couper brutalement ces liens et rompre le câble qui attache le navire au port. De votre souffle funeste, vous éteignez le phare qui brille là-haut pour chacun de nous. Il vous plaît de lancer le bâtiment au hasard des orages et des tempêtes; vous vous écriez avec un aplomb philosophique admirable :

— Vogue, humanité, vogue sur l'Océan de la vie! Sois à toi-même ton propre pilote. Que ton œil, constamment abaissé, ne s'élève point pour contempler le phare trompeur du ciel, et que la boussole de ton intelligence ne se tourne point vers l'étoile polaire de l'absolu. Boussole, phare, étoile, tu portes tout au-dedans de toi-même. L'Océan est ta seule patrie. Vogue encore, vogue toujours, sans te demander d'où tu viens et où tu vas !

Quand deux navires, monsieur le philosophe, se rencontrent sur la grande route de la mer, les capitaines se hèlent du haut de la dunette et ils échangent cette triple question :

— D'où venez-vous? Où allez-vous? Que portez-vous?

Passagers de la vie, nous nous posons la même formule : D'où venons-nous, de Dieu ou du néant? Où allons-nous, à Dieu ou au néant? Que portons-nous? Sommes-nous pure matière ou matière et esprit? Qu'est-ce que notre conscience? Qu'est-ce que la Justice?

— Absolu que tout cela, répondez-vous; j'ignore l'absolu!

Et c'est au nom d'une pareille ignorance, monsieur, c'est en vertu de cette négation, c'est appuyé sur ce doute, que vous osez prendre la barre du gouvernail de l'humanité?

Arrière, sceptique menteur, pilote imprudent!

Laissez ce gouvernail à d'autres mains. Vous nous conduisez droit aux abîmes.

NEUVIÈME LETTRE.

IX

Je dois convenir, monsieur, que vous excellez à sim-
plifier les questions. Rien ne vous arrête, absolument
rien. Pour les problèmes les plus compliqués vous
avez une solution en poche. Ainsi jusqu'à vous, on
avait cru qu'une loi supposait : 1° un législateur ; 2° un
être quelconque soumis aux prescriptions de cette loi ;
3° une sanction.

Vieux raisonnement, vieux système !

Sganarelle de la philosophie, vous *changez tout*

cela ; vous déclarez que l'homme est en même temps son propre législateur, sa propre loi, sa propre sanction.

C'est original, mais ce n'est pas logique.

Entre nous, monsieur le philosophe, ne vous moqueriez-vous pas un brin de ceux qui vous lisent?

Quoi! l'homme venu on ne sait d'où (je parle dans le sens de vos hypothèses et de votre athéisme), l'homme jeté en ce monde sans lois divines obligatoires pour son âme, sans règle de conduite tracée par une autorité supérieure; l'homme entièrement livré à ses instincts, dégagé de toute croyance en une vie future où il doit être récompensé et puni; l'homme, dis-je, aurait été assez ennemi de lui-même, tranchons le mot, assez imbécile pour s'imposer des lois et des entraves? Il se serait créé une justice tout exprès pour contrecarrer ses penchants les plus énergiques, pour opposer une digue à ses désirs les plus impétueux, à ses passions les plus chères.

A d'autres, monsieur ! Qui donc espérez-vous tromper ici?

Dès que, sciemment et de gaîté de cœur, l'homme aurait cru devoir se charger les pieds et les mains de chaînes pesantes, il serait, par le fait même, l'être de la création le plus déraisonnable et le plus stupide. Je lui crierais bien haut, pour lui ouvrir à la fois les oreilles et l'intelligence :

— Eh! pauvre fou, laisse-là ta justice? Romps tes entraves, et renverse cette digue de la loi que tu as élevée pour mettre obstacle au débordement de tes passions. Forçat volontaire, brise ta chaîne, et marche dans ta liberté!

Selon vous, et en déduisant les conséquences de votre argumentation singulière, une loi portée par un législateur contre lui-même devient obligatoire pour lui.

Mais d'abord, qui le contraignait à la porter, et ensuite qui peut le contraindre à l'obéissance? Bref, s'il a porté cette loi, qui l'empêchera de l'abroger dans une heure de caprice?

Vous figurez-vous un personnage assez ridicule pour s'imposer l'obligation de vivre pieds et poings liés, et pour se châtier lui-même, s'il manque à cette règle absurde?

Vous l'enverriez tout droit aux Petites-Maisons.

Eh bien, il faut y envoyer également, monsieur le

philosophe, ce législateur à triple détente, qui porte une loi contre lui-même, qui obéit à cette loi et qui la sanctionne.

Mais en nous la justice est *immanente*, allez-vous me répondre.

Fort bien! c'est ici que le débat s'élève entre vous et votre théorie.

Comment conciliez-vous l'immanence de la justice avec la qualité de législateur que vous attribuez à l'homme? Si la loi est immanente chez l'homme, c'est-à-dire si elle est née avec lui, jamais il n'a eu besoin de l'établir, et votre système de l'homme-législateur, soumis à la loi et sanction de la loi, croule par la base.

S'il a établi la loi, elle n'est pas née avec lui, elle n'est pas *immanente*, et votre argumentation tombe également en ruines.

Premier dilemme.

En voici un autre : attention, je vous prie.

Ou la justice est immanente dans l'homme ou elle ne l'est pas.

Si elle n'est pas immanente, votre théorie, nous

venons de le voir, est fausse de la base au sommet ;
vos trois énormes volumes tombent en poussière.

Si elle est immanente, c'est-à-dire innée dans l'âme
humaine, jamais l'homme ne fut pour rien dans la
naissance de la justice. La conscience serait alors une
faculté, sur l'origine de laquelle l'homme ne devrait
avoir aucune prétention, car il n'aurait pas plus créé
sa conscience qu'il n'a créé son intelligence. L'homme
ne peut être ni son propre législateur ni son propre
créateur.

D'où vient donc la conscience, si l'homme ne l'a pas
faite ?

D'où vient la loi, si l'homme ne l'a pas portée ?

D'où vient la justice, si l'homme, au lieu d'en être
l'auteur, n'en est que le réceptacle ?

Conscience, loi, justice dérivent évidemment de la
cause universelle, de celui dont nous avons tout reçu.
Et voilà comment, en dépit de votre projet bien arrêté
de combattre la *transcendance* de la justice, je veux
dire son origine et sa sanction divine, vous y retombez
malgré vous, monsieur.

Votre *immanence* n'est qu'une *transcendance* déguisée. Par conséquent, je vous ramène droit au christianisme, qui n'a jamais repoussé, que je sache, une immanence ainsi comprise.

« La Justice, dites-vous, est humaine, toute humaine, rien qu'humaine. »

Et de quel droit prétendez-vous me contraindre à lui obéir?

Jeté hier sur un point de l'espace pour disparaître demain, que me fait votre Justice? Que me font vos lois d'un jour, si elles ne s'appuient pas sur une base plus solide que la terre que je foule et que je quitterai bientôt; si elles ne répondent pas aux lois éternelles; si votre justice, passagère comme vous, ne se rattache pas à une justice immuable, et si enfin justice et lois n'ont pas de sanction au-delà de cette vie éphémère?

Mais la conscience, mais le remords!

Que m'importe la conscience, si elle ne relève que de moi et si j'en suis le législateur? Le jour où je se-

rai las de lui obéir, je me dépouillerai d'elle comme
d'un vêtement inutile et incommode. Je ne reconnai-
trai à personne, pas même à vous, grand philosophe,
le droit de me dire :

« — Tu fais mal. »

Quant au remords, je vous dénie également le droit
d'en parler, à vous qui refusez à la loi morale tout caractère divin. Le remords vous condamne; vous
n'avez pas plus créé le remords que la justice; l'un et
l'autre existent malgré vous, et vous ne pouvez ni les
faire naître ni les tuer. Le remords est la plainte intime et secrète de la justice outragée. Il est une des
preuves les plus éclatantes de la transcendance et de
l'origine divine de cette même justice.

Mais la société?

Parbleu! que la société me laisse en repos! Ne se
compose-t-elle pas d'hommes semblables à moi, simples législateurs de leur propre conscience? La société!
ses lois *sont humaines, purement humaines, rien qu'humaines*, comme la conscience individuelle ou collec-
tive qui les a formulées.

Or, en quoi m'obligeraient-elles, et pourquoi les
respecterais-je ?

Si la société s'indigne de mon irrévérence, je suis prêt à lui répondre :

« Eh! je rejette votre Code; je vous récuse, vous, votre police et vos bourreaux! Il n'y a rien de commun entre vous et moi, et, quand même j'admettrais avec vous l'existence d'un lien juridique entre les hommes, vous n'auriez pas de quoi établir l'autorité que vous vous attribuez sur ma personne. Vous n'avez pas le droit de me frapper, pas le droit de me blâmer, pas le droit de m'accuser, pas même le droit de m'interroger. Ma conscience, puisque vous parlez de ma conscience, se dérobe à toutes vos atteintes. J'ai tué un homme, c'est possible : j'étais en guerre avec lui comme je le suis avec vous, comme vous l'êtes tous les uns avec les autres. Vous voilà réunis contre moi, et vous avez la force; usez-en si cela vous plaît, comme j'en ai usé moi-même. Je méprise autant vos châtiments que vos arrêts et votre blâme! »

Cet insolent discours que, dans le tome III de votre œuvre, pages 519 et 520, vous mettez à faux dans la bouche d'un coupable s'adressant à la société assise sur Dieu et la justice, est d'une admirable logique adressé à une société établie sur des bases purement humaines.

M. de Girardin, cet autre grand raisonneur, qui refuse comme vous à la justice et à la conscience tout caractère divin, n'a-t-il pas dit :

« Je nie la morale, je nie le droit, la pudeur, la bonne foi, la vertu. Tout est crime, naturellement crime, nécessairement crime. Je propose contre le crime.... un système d'assurances ! »

Que répondrez-vous à M. de Girardin, au nom de votre justice *purement humaine, tout humaine, rien qu'humaine ?*

Y a-t-il une justice ? M. Proudhon dit Oui, M. de Girardin dit Non.

Qui sera juge entre vous deux? N'êtes-vous pas tous deux égaux devant la justice : *législateurs, loi et sanction ?*

Double Babel et double chaos !

Ces épouvantables maximes, tombées d'une plume qui a, comme la vôtre, beaucoup trop écrit pour le repos du monde, sont le dernier mot de la morale purement humaine, et je vous mets au défi de les réfuter.

Voilà donc où en arrivent nos modernes docteurs,

les hommes qui se posent en guides et en instituteurs des autres hommes !

Voilà ce qu'ils disent, voilà ce qu'ils pensent d'une société à la conduite de laquelle ils prétendent.

Pour eux, c'est une bande de loups dévorants, toujours prêts à s'entre-détruire, et contre la rage desquels il n'est d'autre moyen de se défendre qu'un système d'assurances, une ligue des loups contre les loups.

DIXIÈME LETTRE.

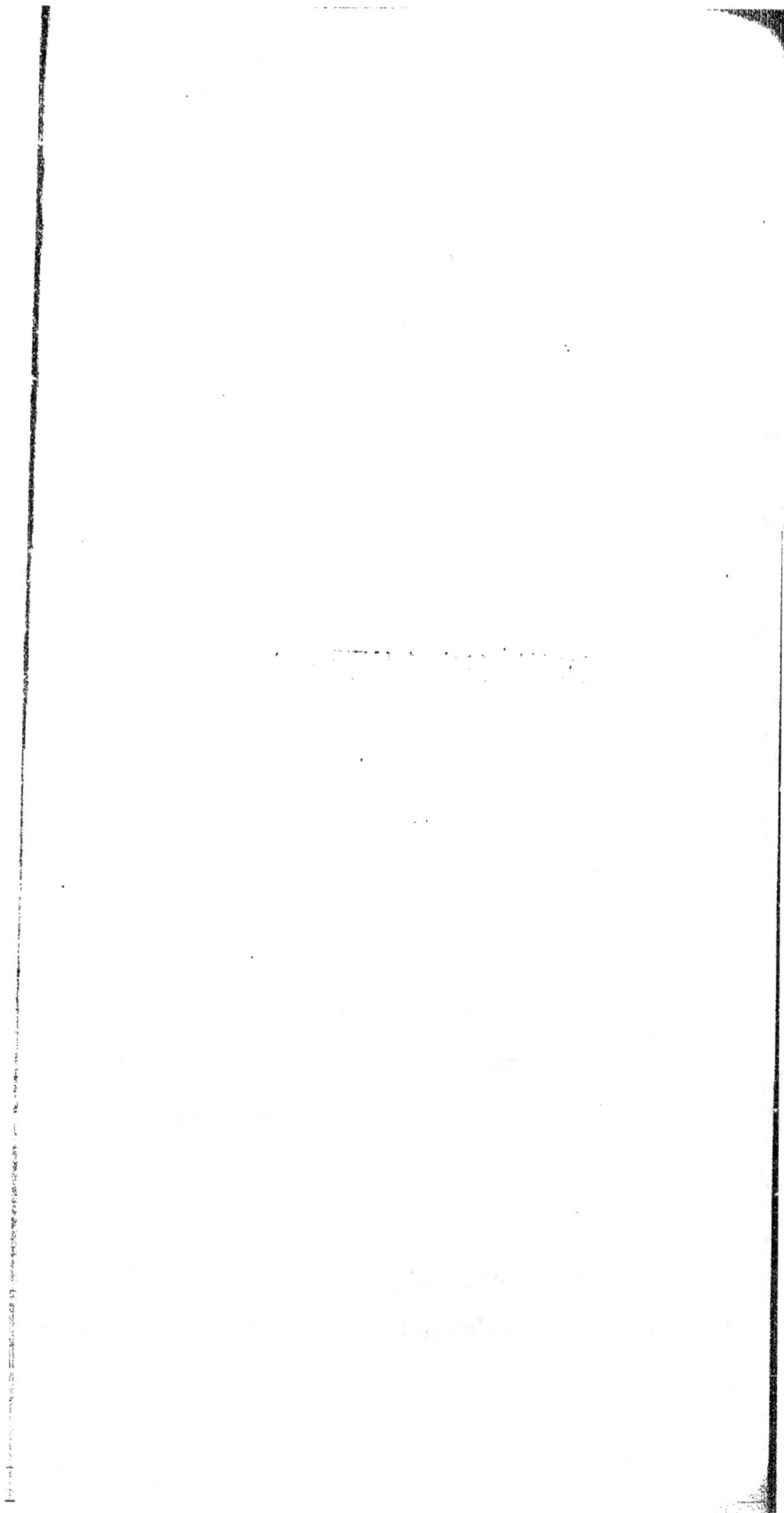

X

Il est certain, monsieur, que vous ne conviendrez pas du néant de votre système et que vous allez me dire : Si vous transgressez les lois, la société vous punira.

Bon ! nous y voici : le gendarme !

C'est la conclusion obligée ; c'est l'inévitable, la dernière et la seule sanction de la *justice purement humaine.*

8

« Entre individus de valeur égale et de prétentions pareilles, écrivez-vous (page 436 de votre troisième volume), il y a naturellement antagonisme, lutte, joute, loterie, agiotage, discorde et guerre. »

Je vous en fais mon compliment, c'est bien là, trait pour trait, la peinture du corps social ayant votre théorie pour base : un assemblage incohérent d'êtres à la fois *législateurs, lois* et *sanction*. Comment établir l'ordre dans ce chaos, sinon par la force ? Malgré l'appui du bras divin, malgré la solidité d'un monument qui a ses assises morales dans le ciel, la société vacille, trébuche, elle peut à peine se tenir debout, — et vous prétendez l'affermir en lui enlevant son unique soutien ? Vous lui ôtez ses béquilles, à cette pauvre société boiteuse, et vous lui criez :

— Marche !

Hélas ! grand philosophe, son premier pas, sous votre conduite, serait le signal d'un casse-cou.

Par une incompréhensible aberration de votre esprit, vous proclamez la conscience humaine source de toute justice.

Or, la religion chrétienne, qui raisonne autrement que vous, heureusement pour l'éducation morale des peuples, nous la présente comme un flambeau donné par Dieu à l'homme pour le guider dans le voyage de la vie. Le christianisme ne concentre pas comme vous ses yeux sur la fange terrestre ; il les élève en haut vers la source de toute justice, vers la conscience éternelle et infinie, mère de nos consciences ; il s'illumine à ce foyer radieux d'où procèdent toute intelligence, toute morale, toute lumière.

Votre raison, faible étincelle du flambeau divin, raison orgueilleuse, ingrate, méconnaît son origine céleste ; elle insulte la suprême Raison dont elle émane, elle ose se servir de la lumière même qu'elle a reçue pour outrager celui dont elle la tient.

Cette raison *proudhonienne*, athée, impie, insolente, prétend être le soleil du monde ; elle veut luire seule dans nos ténèbres et les dissiper. Pauvre folle aveugle ! Elle ne s'aperçoit même pas qu'elle n'est qu'un obscur reflet de l'intelligence divine.

Que diriez-vous, monsieur, d'une planète, errant çà et là dans l'espace, tout enivrée de sa lumière d'emprunt, et qui afficherait la prétention de régner seule au firmament et d'en être l'unique flambeau ? Que diriez-vous si elle s'arrogeait le droit de présider à sa propre gravitation et si elle niait le soleil, dont elle réfléchit les feux sur un seul de ses hémisphères, tandis que l'autre reste plongé dans la nuit?

L'intelligence et la conscience humaine sont les planètes du monde moral. Sur elles tombe le double reflet du soleil d'intelligence et de justice. On peut dire de l'âme de l'homme qu'elle est semblable à un astre opaque; elle ne tire pas d'elle-même sa clarté. Jamais elle n'est éclairée sous toutes ses faces, et constamment un de ses hémisphères reste plongé dans l'ombre. En vain, monsieur, vous dites à la planète : « Tu es le soleil! » elle n'en est pas plus lumineuse.

Quand donc avez-vous surpris le flambeau de la conscience et celui de la raison s'allumant tout seuls par une illumination spontanée?

Vous posez vous-même cet axiome : *Rien ne se produit en vertu de rien.* Quelle fut donc la vertu créatrice de la raison et de la conscience? Comment résolvez-vous le grand problème de l'origine des choses? Vous vous gardez bien d'en dire un seul mot, ô philosophe habile, mais sans franchise! Nous ne sommes pas dupe de ce silence : vous saviez bien que, si vous touchiez à l'énigme, le sphinx vous dévorerait, vous et votre système.

« La notion de Dieu, comme cause, dites-vous, est le fait d'une intelligence inexercée. »

Et voilà le problème de la création résolu par le premier logicien des temps modernes.

Ô Newton, Leibnitz, Bossuet, Descartes, Fénelon, Pascal! vous tous, grands génies, qui avez cru en Dieu, créateur et cause, vous voilà déclarés par M. Proudhon des *intelligences inexercées!* M. Proudhon seul a la logique assez puissante pour s'élever au-dessus de ces misérables questions de Dieu, de création, d'origine et de fin, que vous vous appliquiez autrefois à résoudre. Il est vrai que cet aigle de l'argumentation ne sait pas d'où il vient, où il va, quel est Dieu, et même s'il y en a un; quelle est l'âme, et même si nous avons une âme. Sa force de génie consiste, paraît-il, à tout ignorer de ce qui nous touche de plus près et à ne s'occuper d'aucun de ces mystères. En chercher l'éclaircissement est le fait d'une *intelligence inexercée.*

« Questions oiseuses! l'âme humaine ne pouvant s'élever à la conception de l'*absolu.* »

8.

Elle peut du moins s'élever, monsieur, jusqu'à ce simple raisonnement : Toute chose qui n'est pas nécessairement éternelle est un effet; tout effet suppose une cause. L'homme et l'univers n'étant pas nécessairement éternels sont des effets. Une cause quelconque les a produits tels qu'ils sont. Cette cause nécessaire, tous les peuples, sauvages, barbares ou civilisés, l'ont adorée et l'ont appelée Dieu.

Vous avez l'aplomb d'invoquer le consentement universel comme preuve de la réalité de la justice, et vous le rejetez comme preuve de l'être par excellence.

Quelle admirable bonne foi !

Peut-être allez-vous m'objecter que Kant a détruit l'une après l'autre toutes les preuves de l'existence de Dieu admises jusqu'à lui. Que me font à moi les sophismes du père de l'école sceptique moderne? Je sais quelqu'un qui a plus d'esprit que cet ergoteur allemand : ce quelqu'un-là, c'est tout le monde.

D'ailleurs, le philosophe dont vous invoquez le témoignage, après avoir dénié à Dieu le droit d'être, ou à l'âme celui de s'élever jusqu'à Dieu, ne fut-il pas

contraint, par une éclatante contradiction, d'en appeler solennellement à cette cause première qu'il re-
poussait? Une fois les fondements de sa doctrine creu-
sés dans le sable mouvant du doute, il s'aperçut que
l'édifice craquait de toutes parts et se hâta de lui donner Dieu pour couronnement. Ainsi que vous, il le
rejetait comme source de la justice; mais il ne tarda
pas à reconnaître que, sans Dieu, la justice manque
de sanction.

Athée dans sa *Critique de la Raison pure*, Kant
devient théiste dans sa *Raison pratique*.

Or, si vous reconnaissez à la première une si haute
valeur, pourquoi faire fi de la seconde? C'est la même
plume qui écrivit ces deux traités, c'est la même intelligence qui les dicta.

Mais vous êtes plus radical, monsieur, que le fils du
sellier de Kœnigsberg. Vous marchez sur les traces
des athées du XVIIIᵉ siècle, des Diderot, des d'Alem-
bert, des Condorcet, des Clootz, des Marat; vous les
proclamez les pères de la Révolution, et, par conséquent, les vôtres. Il vous convient d'asseoir l'humanité
sur elle-même, de la construire avec elle-même, de la
couronner par elle-même, et vous ne voulez pas faire
à Dieu l'aumône d'une mention, d'un souvenir. Vous

lui refusez net la faveur de tracer les quatre lettres
de son nom sur le fronton de l'édifice.

« Le nom et le souvenir de Dieu sont une peste, un
souffle malfaisant qui porte avec lui l'immoralité et
la mort. »

Triste blasphémateur !

Vous vous donnez des peines infinies pour échapper
à Dieu ; vous fermez l'œil pour ne pas le voir ; vous le
poursuivez des plus grossières injures ; vous l'appelez le MAL, vous l'appelez le DIABLE ; vous déclarez à la
face de ce soleil qu'il a créé, comme il vous a créé
vous-même, qu'il n'est qu'*injustice, immoralité, sottise* et *lâcheté;* vous fuyez au fond des enfers pour
échapper à cette impérissable clarté qui vous poursuit, et au moment où vous vous croyez à l'abri, dans
la haine et dans les ténèbres, elle éclate de tous ses
rayons, et vous vous trouvez face à face avec Dieu !

ONZIÈME LETTRE.

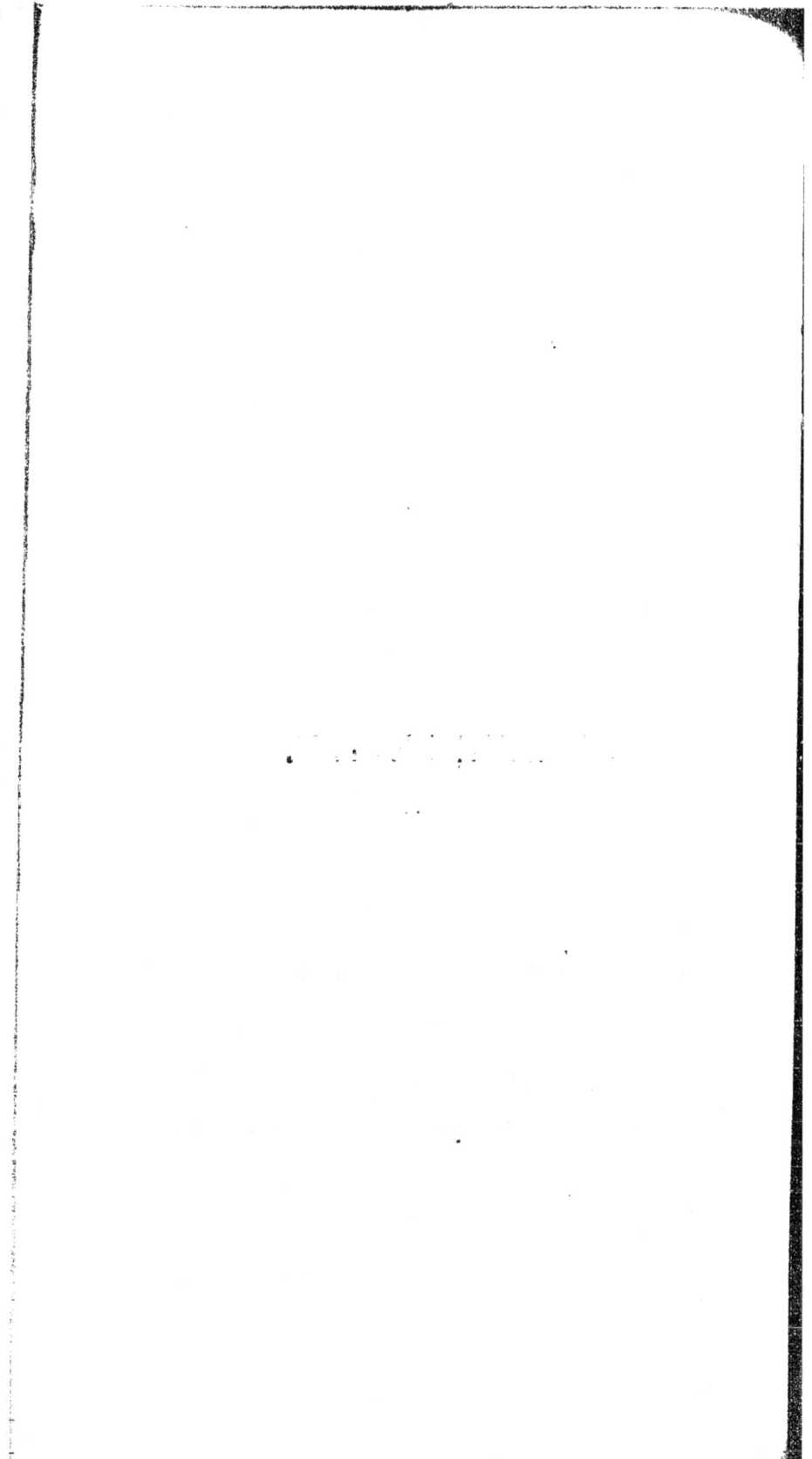

XI

Sortons un instant du chaos de cette œuvre, où vous
entassez pêle-mêle, antiquaire maladroit, les armes
couvertes de rouille, émoussées, brisées, que dix-huit
siècles ont fournies à l'arsenal irréligieux pour combattre la religion du Christ, sans la vaincre, — et revenons à votre *prologue*.

Vous y tracez un tableau de la société moderne, qui
ne manque, je dois le dire, ni d'exactitude, ni de res-
semblance.

Oui, monsieur, la société ne sait plus où elle va.

Oui, le DOUTE LA TUE !

Semblable au ver qui se glisse à l'intérieur d'un fruit et le ronge, le scepticisme pénètre dans le cœur du siècle, et menace de le dévorer jusqu'à la dernière fibre.

Morale, Religion, Politique, tout a subi l'influence de ce funeste dissolvant. C'est pénible à dire, mais il n'est pas une seule de nos institutions, pas un seul des principes, fondements primordiaux de l'édifice social, qui ne soient entamés, flétris, dégradés, souillés par la morsure de ce ver rongeur.

« Sous l'action desséchante du doute (je cite vos propres paroles), et sans que le crime soit devenu plus commun, la vertu plus rare, la moralité française est détruite dans son for intérieur. Il n'y a plus rien qui tienne, la déroute est complète. Pas une institution que l'on respecte, pas un principe qui ne soit nié, bafoué. Plus d'autorité ni au temporel ni au spirituel. Partout les âmes refoulées dans leur *moi*, sans point d'appui, sans lumière. Nous n'avons plus de quoi jurer ni sur quoi jurer. Avec le sens moral, l'instinct de conservation lui-même est éteint. La direction générale livrée à l'empirisme ; une aristocratie de bourse se ruant sur la fortune publique ; une classe moyenne qui se meurt de poltronnerie et de bêtise ; une plèbe qui s'affaisse dans l'indigence et les mauvais conseils ; la femme enfiévrée de luxe et de luxure, la jeunesse impudique, l'enfance vieillotte : tel est le profil de notre siècle. »

Passant ensuite en revue chaque institution, chaque doctrine politique, vous les cinglez à tour de rôle de votre fouet brutal.

La Centralisation ? — « C'est Paris qui, avec ses administrations, ses compagnies, ses plaisirs, son parasitisme, absorbe et dévore la France. »

Le Parlementarisme ? — « Il a trahi tous les partis, plaidé toutes les causes ; il a donné le spectacle des plus honteuses palinodies. »

La Philosophie ? — « Elle a déserté le culte de la Raison et de la *matière*, pour se *vautrer dans le* SPIRITUALISME, *négation* de la JUSTICE. »

L'Économie politique ? — « Elle s'est faite la complaisante du privilége, elle a toujours été du côté du plus fort. »

La littérature ?—«Fille de la Révolution par Voltaire,

Jean-Jacques Rousseau, Volney, Beaumarchais, elle a renié sa mère. Tour à tour classique ou romantique, religieuse ou licencieuse, elle est morte à l'heure qu'il est. »

La Démocratie? — « Elle méconnaît son origine et bafoue Diderot, Condillac, Voltaire, tous les Pères et les Docteurs de la Révolution. En 1848, elle s'est trouvée sans vertu, sans génie et sans souffle. »

Il n'est pas jusqu'au socialisme, au glorieux socialisme, dont vous êtes l'adepte le plus fervent, qui ne reçoive son coup de boutoir. — « Le socialisme, dites-vous, a été tour à tour sentimental, évangélique, théocratique, éroticobachique, omnigame. Il est devenu la *bancocratie*.»

Après avoir débuté par cette amère et virulente satire de la société moderne, vous ajoutez :

« Est-ce là une existence? Ne dirait-on pas plutôt une expiation? Le bourgeois expie, le prolétaire expie.....»

Vous y êtes, monsieur le philosophe ; arrêtons-nous là.

Oui, c'est une expiation, une expiation terrible.

Notre croyance, à nous autres chrétiens, est que chaque individu reçoit dans une autre vie la peine ou la récompense de ses actes mauvais ou bons; mais nous croyons aussi que les peuples, dès ce bas monde, sont récompensés ou punis pour leurs vertus ou pour leurs crimes collectifs.

Donc, la société moderne expie.

Elle expie les doctrines fatales du dix-huitième siècle, de ce siècle irréligieux, révolutionnaire, que vous comblez d'éloges, et dont elle est la fille; elle expie les forfaits exécrables de cette révolution d'où elle est sortie et qui l'a baptisée dans le sang; elle expie ses erreurs, elle expie ses crimes contre elle-même et contre Dieu.

Châteaubriand a dit quelque part que l'humanité conserve du souvenir du déluge une mélancolie dont elle n'a jamais pu se guérir. De même la société française, à peine échappée au déluge sanglant de 93, est atteinte d'un mal analogue en se rappelant le désastre.

La France est triste.

N'en soyez point surpris, monsieur : elle porte le

deuil de toutes les nobles têtes moissonnées par la hache du bourreau.

« L'esprit a perdu sa clarté ; le cœur n'a plus de joie. Nous nous sentons dans le brouillard, nous trébuchons en cherchant notre chemin. De nos jours la gaîté est une chose rare, même chez la jeunesse. »

Ainsi parle Saint-Marc Girardin.

Déjà lord Wellington disait de nous, en 1815 :

« Cette nation n'a pas de principes. »

Et Royer-Collard ajoutait :

« Notre société tombe en poussière. Il ne reste que des souvenirs, des regrets, des utopies, des folies, des désespoirs. »

La France expie !

Ouvrez avec nous les grandes annales de l'humanité. Sur chaque page on trouve la preuve d'une longue et funèbre expiation.

Vous le proclamez vous-même bien haut : l'histoire n'est, en grande partie, qu'une interminable liste d'erreurs, d'oublis de la justice, de turpitudes, et trop souvent de crimes. Tour à tour elle est rouge de sang ou souillée de boue. Les chapitres qui racontent les

vertus, les nobles actions, les faits exempts de reproches sont, hélas ! trop peu nombreux.

Et vous n'êtes pas frappé de ce phénomène étrange ?
Vous n'en concluez pas que l'humanité porte en elle-
même un principe morbide, une cause latente de dégé-
nérescence ? Vous niez la chute primitive, seule clé
de tant d'énigmes, seule explication possible des mystères d'iniquité, de perversion, de malheur et de ruine
dans la vie des peuples comme dans celle des individus ?

Pour un bon fruit, monsieur, l'arbre social en porte
dix mauvais.

Ses branches s'étiolent, périssent et tombent les
unes après les autres ; son feuillage, ici verdoyant,
partout ailleurs languit et se dessèche, — et vous en
inférez que ses racines sont saines, qu'elles ne ren-
ferment aucun principe originel d'altération et de
mort ?

« La faute en est à Dieu, dites-vous. C'est l'idée de
Dieu et de la justice basée sur Dieu qui a produit tout
le mal. »

Ainsi, voilà Dieu devenu le bouc émissaire du
monde.

Que diriez-vous d'un horticulteur qui, voyant ses

arbres dépérir, en accuserait le soleil, c'est-à-dire le principe même de la vie végétale, au lieu de fouiller la terre et d'interroger la racine des arbres malades?

Dieu est le soleil du monde moral; il est le principe de la vie de l'âme.

Je vous conseille, monsieur, d'aller faire un cours d'horticulture appliqué à la philosophie.

Ah! le *doute nous tue!*

Et d'où nous est-il venu, ce doute? Quel souffle empesté nous apporte avec lui ce choléra des intelligences? Le mal nous dévore : qui nous a inoculé ce mal terrible... qui? sinon vous et ceux qui vous ressemblent.

Je vous cite une seconde fois:

« Pas une institution que l'on respecte; pas un principe qui ne soit *nié, bafoué*. Plus d'autorité ni au temporel ni au spirituel. »

Et qui donc, je vous le demande, excite chaque jour la société moderne à se dégager de tout respect pour les institutions, à *nier*, à *bafouer* tout principe? Qui lui enseigne la révolte contre toute autorité? Qui détruit tout équilibre? Qui imprime à la France (veuillez

nous le dire, ô grand philosophe!) ces violentes oscil-
lations, grâce auxquelles on la voit tour à tour s'incliner d'un pôle à l'autre et passer successivement, à
intervalles périodiques, de l'anarchie à la compression
d'un bras victorieux?

Qui nous a lancés dans la voie funeste du scepticisme politique et moral? Qui nous donne l'exemple de
ce mépris railleur, insolent, haineux, ennemi de toute
espèce de pouvoir?

Ah! vous demandez qui a détruit le respect?

La question, dans votre bouche, est audacieuse.
Que faites-vous donc autre chose, je vous prie, du commencement à la fin de cet énorme livre imprimé chez
Garnier frères? Sans parler de l'autorité temporelle
dont je n'ai pas à m'occuper ici, comment traitez-
vous l'autorité spirituelle? Dans quelle page de votre
œuvre n'est-elle pas *niée, bafouée?* Où s'arrêtent vos
sarcasmes? Jusqu'où ne portez-vous pas le manque de
respect et le mépris? Devant quelle dignité, devant
quelle majesté de la terre ou du ciel vous inclinez-
vous?

Insulteur frénétique, vous allez jusqu'à prodiguer
l'outrage à la Majesté des Majestés.

De votre main sacrilége, vous souffletez Dieu.

Et vous déplorez que toute institution, toute autorité, tout principe soient *niés*, *bafoués?* Et vous pleurez le respect qui s'en va !

Larmes inconséquentes, larmes hypocrites, larmes de crocodile.

Celui qui ébranle les colonnes d'un édifice est doublement mal venu de se plaindre quand cet édifice chancelle.

Du reste, monsieur, tous ces désordres de l'intelligence remontent plus haut que vous, et, pour les produire, on comptait, avant la vôtre, une foule de personnalités agressives. L'orgueil humain se résigne difficilement à porter le joug. Sans cesse il a réagi contre l'autorité divine et contre les pouvoirs d'ici-bas.

Il y a trois cents ans, la Réforme déploya sa bannière hostile, secoua le joug de l'autorité spirituelle et inaugura le règne de l'anarchie religieuse.

Vint le dix-huitième siècle, qui fut à la fois le plus vantard de philosophie, le plus fanfaron de sagesse, le plus infecté de corruption; siècle du sarcasme et du persiflage, siècle dont l'aurore se leva dans la boue et dont le dernier soleil se coucha dans le sang.

Au dix-huitième siècle appartient la plus lourde part
de responsabilité dans notre décadence morale.

Le sarcasme détruit, il n'édifie pas; il ne fait rien
naître, il tue.

De sarcasme en sarcasme on en vint à tout démolir, et le persifflage impie du sieur Arouet de Voltaire,
— un de vos hommes! — amena le plus effroyable
chaos qui ait épouvanté le globe depuis l'ère géogoni-
que. Les mots fins et musqués des beaux esprits
Pompadour aboutirent aux formidables railleries, aux
funèbres jeux de mots des massacreurs de septembre
et aux aboiements sanguinaires des tricoteuses répu-
blicaines, ignobles prêtresses de la mort.

L'Encyclopédie engendra Danton, M. de Voltaire engendra Marat.

Un jour, sous la figure d'une prostituée, la Raison
monta sur les autels pour s'offrir à elle-même de l'encens et des adorations : ce jour-là, le peuple perdit le
respect dû à Dieu.

Un autre jour, le bourreau put mesurer la taille
d'un roi couché sur la planche d'une guillotine : ce
jour-là, le peuple perdit le respect dû à l'autorité.

9.

Lorsque les volcans de Java entrent en éruption, disent les voyageurs, la terre tremble au loin, la mer bouillonne et bat le rivage de ses vagues furieuses, le soleil se voile de nuages sanglants ; une nuit profonde enveloppe le ciel de ses ombres sinistres ; des torrents de poussière, chassés par un souffle impétueux, s'en vont, à une distance de plusieurs centaines de lieues, couvrir l'Océan et les îles lointaines, pendant que les flots d'une lave ardente portent partout le ravage et la terreur.

Ainsi fut-il du volcan révolutionnaire.

La commotion qu'il a imprimée au sol européen dure encore, et le tremblement de terre a été si violent que nous en ressentons le contre-coup, à soixante-dix années de distance. Les nuages qui voilèrent alors le soleil de la Justice ne sont pas dissipés, la nuit du doute nous couvre de ses ténèbres.

Nous ne savons quelle route suivre, et nous nous débattons anxieusement dans une lugubre et universelle angoisse.

Depuis le jour de la catastrophe, la société trébuche

et manque d'assises ; on ose à peine se mouvoir sur le sol volcanique.

Et vous demandez, monsieur, pourquoi *il n'y a plus rien qui tienne*, pourquoi *la déroute est complète?* Mieux que personne vous devez le savoir, vous qui continuez l'œuvre de bouleversement, vous qui proclamez la Révolution de 93 l'ère nouvelle de l'humanité, la MÈRE DE LA JUSTICE..... Étrange et sinistre justice !

Au lieu de balance, je vois dans ses mains une guillotine.

DOUZIÈME LETTRE.

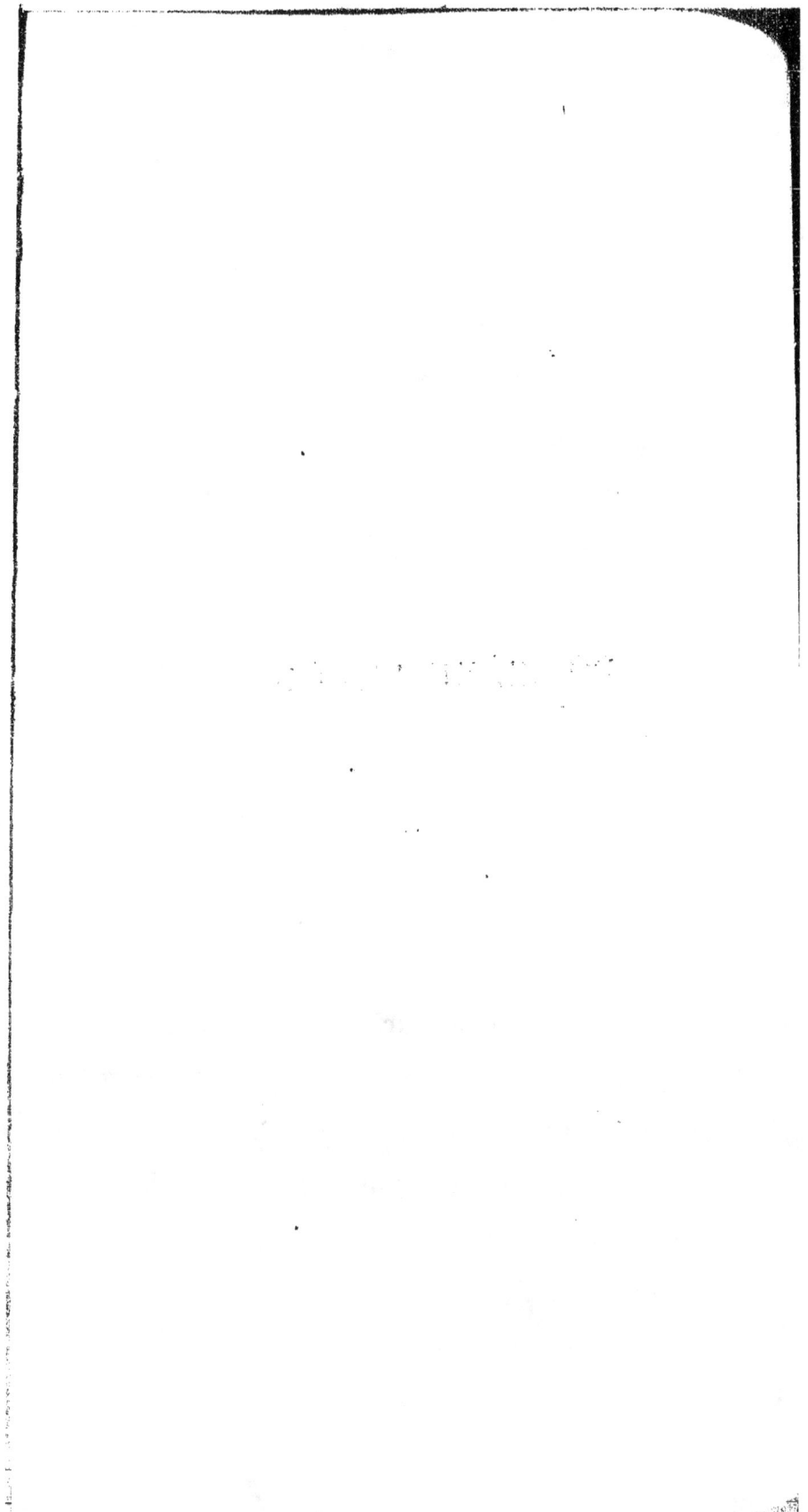

XII

Un vrai logicien, monsieur, peut-il se contredire ?

Autrefois cela n'était pas permis. On regardait
comme une **chose déshonorante** pour un philosophe
de penser **noir** et **blanc** sur le même sujet, de parler
pour et contre sur la même question, de souffler alternativement le chaud et le froid sur la même assiette,
comme le convive de la fable.

Nos pères étaient si naïfs !

Aujourd'hui nous sommes dans le siècle des *libres penseurs*, et l'on n'a plus autant de scrupules.

Toutefois, monsieur, permettez-moi de vous le faire observer, quand on se nomme Pierre-Joseph Proudhon, quand on passe pour un argumentateur de premier choix, quand on piétine avec une logique en sabots sur les hommes et sur les choses, on peut se contredire çà et là pour montrer son indépendance, et aussi pour tromper adroitement le lecteur, si le besoin d'une déduction *exceptionnelle* se fait sentir ; mais ce petit système est inapplicable lorsqu'il s'agit d'un sujet grave, d'une question fondamentale.

On s'expose alors à tomber dans son propre piége, et des contradictions de ce genre deviennent une poignée de verge entre les mains de l'adversaire.

Vous voilà dans une jolie situation, monsieur !

Page 20 de votre tome premier, vous dites :

« L'Église a *succombé* dans toutes ses luttes, depuis Jésus-Christ jusqu'à Pie IX ; elle compte ses années par *ses désastres.* »

Et plus loin, page 26 :

« Tandis que les églises dissidentes tombent en disolution, l'Église catholique en recueille les débris et se reforme sans cesse. »

Avouez-le, c'est là une singulière façon de *succomber* et d'essuyer des *désastres*. Il y a dix-huit siècles et demi que l'Église *succombe* de la sorte. De *désastres* en *désastres*, elle en est arrivée à compter ses adeptes par centaines de millions et à régner sur tous les peuples, dans tous les climats.

Et d'une !

Pages 26 et 27 :

« L'Église n'a que le souffle, et ce souffle est plus vivace que toutes les énergies qu'elle a vu naître, plus fort que toutes les institutions qui se sont formées hors d'elle en l'imitant..... — L'Église est indestructible. »

A la page 147 :

« .... Puis donc qu'après dix-huit siècles d'existence, la religion chrétienne se trouve dans le même cas où se trouva, après deux mille ans de durée, l'église polythéiste qui périt parce qu'elle n'avait pas de morale, *elle est perdue.* »

Je vous en prie, monsieur, ayez la bonté de m'expliquer comment une institution est *indestructible* quand *elle est perdue*, ou comment *elle est perdue* quand elle est *indestructible?*

Ce problème passe la portée de ma faible conception. Et de deux!

Vous dites encore :

« L'église de Rome est la seule légitime, et si l'âme humaine proteste contre elle et la harcèle de ses attaques incessantes, c'est que l'âme humaine, bien qu'elle se dise religieuse, ne croit au fond qu'à son propre arbitre et qu'elle estime sa justice *plus exacte et plus sûre que celle de Dieu*. — La Religion et la Justice sont incompatibles. »

Sans m'arrêter à discuter cette justice de l'âme humaine *plus exacte et plus sûre que celle de Dieu*, proposition ridicule et blasphématoire, ainsi que je l'ai démontré plus haut, je me hâte d'en appeler de vous-même à vous-même.

« La Religion, dites-vous ailleurs, est le fruit des entrailles de l'humanité; c'est la *création de la conscience universelle*. Le christianisme est le *monument le plus grandiose* du génie et de la *vertu* de l'humanité. »

A la bonne heure!

Voilà cette Religion, *incompatible avec la Justice*, déclarée par vous la *création de la conscience universelle* et *le monument le plus grandiose de la vertu de l'humanité.*

C'est consolant, mais c'est incompréhensible.

Peut-être voulez-vous dire que la Justice incompatible avec la Religion est aussi incompatible avec la conscience unverselle, *dont la Religion est la création*, et avec la vertu de l'humanité dont elle est le *monument le plus grandiose* : en d'autres termes que *Justice*, *conscience* et *vertu* sont incompatibles.

La conclusion serait jolie !

Mais alors que deviendrait votre système ? Que deviendrait l'âme de l'homme et sa justice *plus exacte et plus sûre que celle de Dieu ?*

Vous manquez de confiance en votre théorie. Prenez donc garde, la vérité se fait jour malgré vous.

Et de trois !

Deuxième volume, pages 41 et suivantes :

« La science des mœurs et l'efficacité du sens moral ne peuvent naître que par la cessation du mythe, par le *retour de l'âme à soi*, ce qui, à proprement parler, est *la fin du règne de Dieu.* »

« ..... *Cette source de tout bien et de toute sainteté*

que l'âme religieuse appelle son Seigneur, son Christ, son Père, c'est elle-même qu'elle contemple dans l'idéal de sa puissance et de sa beauté. »

« ..... Heureux celui qui est parvenu à séquéstrer de son esprit la pensée de l'absolu (lisez Dieu)! Il a *brisé le joug de l'hypocrisie* et conquis de ce chef un *privilége d'impeccabilité.* »

« ..... Toute action se rapportant à Dieu est *égoïste.* »

O homme, te voilà prévenu!

Crois en Dieu, rapporte à Dieu tes actions comme à leur fin, tu ne seras qu'un *égoïste* et un *hypocrite.* Au contraire, *brise le joug de Dieu*; en d'autres termes, ne crois pas en Dieu, ou du moins agis comme s'il n'était pas, et tu auras conquis un *privilége d'impeccabilité.*

Mais à quoi bon réfuter cette monstrueuse théorie?

Cherchons bien, nous n'aurons pas de peine à trouver dans votre livre, ici où là, des armes pour vous battre. En votre qualité de logicien, vous n'avez pu consciencieusement vous dispenser de dire *oui* et *non* sur la matière.

— Çà, monsieur Proudhon, que pensez-vous de ce que monsieur Proudhon vient de dire?

— Je pense que c'est une déplorable erreur !

Tome II, page 43 :

« N'avons-nous pas, depuis un siècle, par la *critique*, la *science*, la *liberté*, épuisé ce que nous avions de *ferveur* ? Or, à présent que l'indifférence nous a tous envahis, n'est-il pas vrai qu'une corruption universelle nous dévore, *corruption de l'esprit, corruption du cœur, corruption des sens* ? La piété diminuant, les mœurs se sont corrompues. »

Morbleu ! ee n'est pas moi qui vous le fais dire !

Cette dernière phrase, aussi nette qu'explicite, se trouve à la page 14 de votre deuxième volume, et nous voilà singulièrement empêtrés dans vos contradictions.

Si, d'une part, croyant avec vous que l'âme humaine est la *source de tout bien et de toute sainteté*, nous séquestrons de notre esprit la pensée de l'absolu ; si nous cherchons l'efficacité du sens moral dans le *retour de l'âme à soi* et dans la *fin du règne de Dieu* ; si, en un mot, par la *critique*, la *science*, la *liberté*, nous épuisons notre *ferveur*, nous tombons dans la triple *corruption de l'esprit, du cœur et des sens*.

Si, d'autre part, nous évitons d'épuiser notre fer-

veur par la science et la critique, si nous appuyons
notre justice sur la religion et sur Dieu, nous sommes
des *égoïstes* et des *hypocrites*.

Irréligieux, nous sommes corrompus jusqu'à la
moëlle des os, tout en ayant, il est vrai, conquis le
privilège de l'impeccabilité, deux choses parfaitement
inconciliables.

Religieux, nous devenons hypocrites et égoïstes.

Ma foi, que vos lecteurs se tirent de l'entortillage, si
la chose est possible, monsieur le philosophe; moi,
j'y renonce.

Et de quatre !

Nous vous avons déjà vu faire de la justice tantôt
une *faculté immanente*, tantôt une science *expérimentale*.

Comme si ces deux expressions ne juraient pas
d'être accouplées et n'étaient pas la négation l'une de
l'autre, vous renchérissez là-dessus, et vous dites que
l'homme est tout à la fois le *législateur* unique et l'*auteur* de la justice.

Ainsi justice *immanente*, justice *expérimentale*, justice *créée* par l'homme, triple contradiction.

Et de cinq !

Il n'est pas jusqu'à cette révolution glorieuse de 93, *mère de la Justice*, qui ne vous offre l'occasion de plaider le pour et le contre.

Tome premier, page 18 :

« Les conquêtes de la révolution, ses établissements, ses organes, ses libertés, ses droits, ses garanties, tout a péri; il ne lui reste que *l'âme du peuple*, de plus en plus *faite à son image*, et, de ce *temple inaccessible elle impose sa* TERREUR au monde, en attendant qu'elle lui impose de nouveau sa loi... »

Dieu nous en préserve ! *Quod Deus avertat.*

Mais quel est donc ce *peuple, temple inaccessible de la révolution ?* Ce ne peut être la *classe moyenne qui se meurt de poltronnerie et de bêtise,* ni la *plèbe qui s'affaisse dans l'indigence et les mauvais conseils* (pages 3 et 4 de votre prologue). Où est-il donc ce peuple dont *l'âme est faite à l'image de la révolution, temple inaccessible* d'où elle impose sa TERREUR au monde? Je le cherche et je ne le trouve pas.

Et de six !

Page 498 du tome III, vous dites :

« L'homme est tout à la fois le législateur, la loi et sa sanction. »

Page 516, même volume :

« La justice (ou la loi) est plus grande que le *moi*. »

Comment la justice (ou la loi) serait-elle plus grande que le *moi*, c'est-à-dire que l'homme à la fois *législateur*, *loi* et *sanction* ? Comment la loi serait-elle plus grande que celui qui l'a portée et qui la sanctionne ?

Et de sept !

D'un bout à l'autre de votre livre, vous niez à l'âme la faculté de s'élever jusqu'à la conception de *l'absolu*. C'est même sur cette base que repose votre livre tout entier, et je lis, page 466 du même tome :

« Il est impossible de se dérober à la conception de l'absolu. »

Comprenne qui pourra. *Qui potest capere capiat.*

Et de huit !

Nous n'en finirions pas, ô facétieux philosophe, si nous entreprenions d'enregistrer tous les démentis que vous vous donnez à vous-même.

Le plus surprenant, sans contredit, est le double portrait que vous tracez de la femme. Après l'avoir ensevelie sous une avalanche d'injures ignominieuses et de paradoxes grossiers, vous la réhabilitez par un saut de carpe inattendu et vous chantez des hymnes à sa louange.

Une simple volte face, et le noir devient blanc, la lumière succède aux ténèbres.

Demi-tour à gauche, et le médecin Tant-pis disparaît avec sa face de croque-mort, pour nous montrer le médecin Tant-mieux à la mine souriante, guillerette et fleurie. L'un porte à la main un buisson de houx, l'autre tient un bouquet de roses.

Lecteurs, prêtez l'oreille au dialogue qui va suivre.

LE MÉDECIN TANT-PIS.

« D'elle-même la femme est impudique; si elle rougit, c'est par crainte de l'homme. » (Tome III, page 372.)

LE MÉDECIN TANT-MIEUX.

« Seule, la femme sait être pudique, et, par cette pudeur qui est sa prérogative la plus précieuse, elle triomphe des emportements de l'homme et le ravit. Il n'y a pas de femme impure. » (Page 444.)

LE MÉDECIN TANT-PIS.

« Improductive de sa nature, sans industrie ni entendement, sans justice et sans pudeur, la femme a
besoin d'un maître qui la rende capable des facultés
sociales et intellectuelles. » (Page 372.)

LE MÉDECIN TANT-MIEUX.

« La femme, transparente, lumineuse, est le seul
être dans lequel l'homme s'admire. Elle lui sert de
miroir, comme lui servent à elle-même l'eau du ro-
cher, la rosée, le cristal, le diamant, la perle. Elle est
un auxiliaire pour l'homme, parce qu'en lui montrant
l'idéalité de son être, elle devient pour lui un principe d'admiration, une grâce de force, de prudence,
de justice, de patience, de courage, de sainteté, d'espérance, de consolation, sans laquelle il serait inca-
pable de soutenir le fardeau de la vie, de garder sa
dignité, de remplir sa destinée, de se supporter lui-
même. » (Pages 440 et 447.)

LE MÉDECIN TANT-PIS.

« On prétend que les femelles d'animaux, parce

sais quel instinct, recherchent de préférence les vieux mâles, les plus méchants et les plus laids. La femme se comporte de même. » (Page 367.)

LE MÉDECIN TANT-MIEUX.

«La sagesse de la femme, non plus que sa beauté, n'est commutative ou vénale (443). Par la sensibilité de son cœur, par la délicatesse de son âme, elle arrondit les angles tranchants de la Justice. On la compare à tout ce qui est jeune, beau, gracieux, luisant, fin, délicat, doux, timide et pur : à la gazelle, à la colombe, au lis, à la rose, au jeune palmier, à la vigne, au lait, à la neige, à l'albâtre (440). Contre l'amour et ses entraînements, la femme est pour l'homme l'unique remède. » (449).

LE MÉDECIN TANT-PIS.

« La femme préférera toujours un mannequin conteur de fleurettes à un honnête homme. La femme est la désolation du juste. » (367, tome III.)

LE MÉDECIN TANT-MIEUX.

« La femme veut l'homme fort, vaillant, ingénieux :

elle le méconnaît s'il n'est que gentil et mignon. Par
la femme l'homme apprend le véritable héroïsme. »
(*Idem*, 443.)

LE MÉDECIN TANT-PIS.

« Qu'est-ce que la justice pour un cœur de femme?
de la métaphysique, de la mathématique. Leur triomphe est de faire prévaloir l'amour sur la vertu, et la
première condition pour rendre une femme adultère
est de lui jurer qu'on l'aimera et l'estimera davantage
pour son adultère. » (Page 367.)

LE MÉDECIN TANT-MIEUX.

« La femme est la conscience de l'homme personnifiée. C'est l'incarnation de sa jeunesse, de sa raison et
de sa Justice, de ce qu'il y a en lui de plus pur, de plus
intime, de plus sublime, et dont l'image vivante, par-
lante et agissante lui est offerte pour le réconforter, le
conseiller, l'aimer sans fin et sans mesure. Elle naquit
de ce triple rayon qui, partant du visage, du cerveau
et du cœur de l'homme, et devenant corps, esprit et
conscience, produisit, comme idéal de l'humanité,

la dernière et la plus PARFAITE DES CRÉATURES. »
(Page 446 et 447.) ◆

Et cœtera !...

Grâces soient rendues à cet honnête docteur Tant-
mieux, qui a pris à tâche de contredire et de réduire
à néant les accusations de son détestable confrère.

Impossible d'être en plus complet désaccord. Jamais
portraits plus dissemblables ne furent tracés d'après le
même modèle.

Et quand on pense, ô philosophe incompréhensible,
que vous réunissez dans le même homme ces deux
médecins si différents d'allures, et que les deux portraits sont dus à votre pinceau... ma foi, tout est dit !
Chacun se prosterne, et l'on n'a plus qu'à vous déclarer le chef suprême, le roi, l'empereur, l'*absolu* de la
contradiction.

Semblable à la lance du héros antique, votre plume
guérit les blessures qu'elle a faites.

Pour vous punir du premier portrait, si ces dames
vous lapident d'une main, de l'autre, à coup sûr, et en
reconnaissance du second, je les vois d'ici vous tresser
des couronnes.

10.

Il n'appartenait, sur ma parole, qu'à un logicien de votre calibre de se contredire aussi radicalement, et je commence à croire, monsieur, que vous êtes tout simplement un dilettante littéraire, un amoureux de l'art pour l'art, un fantaisiste quand même, un écrivain jongleur qui veut attirer le regard des passants et leur faire dire :

— Voyez donc comme ce gaillard-là joue de la plume, comme il taille joliment son style à facettes et comme il assaisonne une page de contradictions piquantes !

A la page 446 de votre troisième volume, vous dites :

« Combattre l'amour est une chose *immorale.* »

Et page 465 :

« Il faut que l'amour obéisse. L'amour est l'*incitateur*, le *promoteur*, le coëfficient de la Justice. »

Comment serait-il immoral de combattre l'amour, s'il faut que l'amour obéisse, et comment l'amour doit-il obéir, s'il est immoral de le combattre? Vous oubliez que vous avez clos votre dithyrambe en l'honneur de la femme par cette comique boutade :

...... C'est à devenir fou d'amour! Et cependant

l'amour, même sanctionné par la Justice, *je ne l'aime pas.* »

D'où il suit que vous n'aimez pas l'*incitateur* et le *promoteur* de la Justice, et qu'en *n'aimant pas* l'amour et en le *combattant* vous êtes *immoral*.

Brid'oison s'écrierait :

« — On ne se dit pas de ces choses-là à soi-même ! »

N'est-ce pas vous encore qui avez posé aux Œdipes futurs, cette énigme :

« La philosophie sait aujourd'hui que tous ses jugements reposent sur deux hypothèses également fausses, également impossibles, et cependant également nécessaires et fatales : la matière et l'esprit. »

Qu'est-ce qu'une chose à la fois *impossible* et *nécessaire, fatale* et *fausse ?*

Du reste, il paraît que l'antithèse, l'antinomie et la contradiction sont chez vous maladies héréditaires ; vous tenez cela de famille.

« La religion, disait votre oncle Brutus, (un nom prédestiné !) la religion est aussi nécessaire à l'homme-

que le pain ; elle lui est aussi pernicieuse que le
poison ! »

Superbe maxime !

En voyant son neveu profiter si bien de ses admira-
bles enseignements, de sa judicieuse logique et de son
génie dans l'art de la contradiction, bien certainement
l'oncle Brutus doit tressaillir d'aise au fond de sa tombe.

Si vous affligez les vivants, monsieur, vous égayez
les morts , — d'où je conclus qu'on ne ferait pas
mal d'enterrer vos livres.

TREIZIÈME LETTRE.

XIII

Malheureusement ceux qui ont acheté, avant la saisie, les trois volumes auxquels vous nous forcez de répondre ne les enterrent pas.

Ils font à cette œuvre immorale une propagande active. On traduit votre livre en Allemagne, en Italie, dans toutes les régions où l'on peut à coup sûr, en semant l'impiété, faire naître les troubles politiques et les tempêtes révolutionnaires.

Vous le dites vous-même : l'Église et la révolution ne peuvent vivre simultanément qu'à la condition de se fondre ensemble et de se subordonner l'une à l'autre, double hypothèse inadmissible selon vous.

Donc, il faut, de toute nécessité, que l'Église disparaisse ou que la révolution meure.

Là-dessus, vous vous écriez :

« C'est la révolution qui survivra, c'est à la révolution qu'appartient l'avenir ! »

Et, sans plus de retard, vous entrez en campagne contre l'Église.

Proudhon s'en va-t-en guerre.

Armé de vos trois énormes volumes, vous menacez le catholicisme de cette lourde massue, — le catholicisme que vous avez soin de proclamer en même temps *le fruit de la plus longue et de la plus savante élaboration de l'esprit humain, — la plus complète, la plus éclatante manifestation de l'essence divine, — la seule religion qui sache adorer Dieu, — celle dont le dogmatisme, la discipline, la hiérarchie, le progrès,*

*réalisent le mieux le principe et le type théorique de la
société religieuse, — celle qui a le plus de droit au gouvernement des âmes.*

Ce même christianisme dont vous avez dit qu'il est
*la pensée la plus haute, le système le plus vaste, conçu
et organisé parmi les hommes,* et que tout à l'heure
vous appeliez SUBLIME, vous le bafouez, vous le souffletez, vous le couvrez de boue ; vous fulminez contre lui
un réquisitoire de dix-huit cents pages ; vous lui dé-
niez toute vertu, vous le chargez de tous les crimes.

A vous entendre, le christianisme n'a jamais rien
compris à l'homme ni à la société. Il perd tous les
peuples, il corrompt nos mœurs.

« Le christianisme est SANS JUSTICE. En effet, comment aurait-il une justice, puisqu'il croit en Dieu ? »

Ceci est péremptoire et je n'insiste pas.
Vos autres arguments sont de la même force.

En votre qualité de père de la justice, vous vous en
allez ramassant çà et là dans les égoûts de l'histoire
de petites anecdotes scandaleuses, plus ou moins apo-
cryphes ; vous les aiguisez en flèches, que vous trem-
pez dans votre fiel, comme le Malais trempe son criss

dans un suc vénéneux, et vous les décochez une à une contre l'Église.

A chaque fait, à chaque anecdocte, à chaque poignée de boue que vous prenez dans le cloaque pour la lui jeter à la face, vous vous écriez triomphant :

« Voilà les fruits de la morale **religieuse** et de la justice basée sur Dieu ! »

Si vous venez à rencontrer sur votre chemin un être infâme, un criminel de premier ordre, vous ne manquez jamais de gratifier quelque religion de ses forfaits.

« Néron, Héliogabale et Claude étaient des *dévots*. Ravaillac, Jacques Clément étaient des *saints*. »

Ce qui veut dire :

Si Claude, Héliogabale et Néron se révélèrent comme des monstres de cruauté et de folie, ce fut parce qu'ils étaient *dévots*. Si Jacques Clément et Ravaillac assassinèrent l'un Henri III, l'autre Henri IV, ce fut parce qu'ils étaient des *saints*.

Donc, *Dieu c'est le mal* ; donc *la religion et la justice sont incompatibles*.

Admirable façon de raisonner, qui vous gagnera nécessairement l'estime des gens honnêtes.

J'abandonne Héliogabale, Néron et Claude au paganisme, puisque le paganisme a jugé convenable de célébrer l'apothéose de ces trois phénomènes du crime, et je ne veux même pas m'enquérir si des scélérats de cette trempe furent dévots, — dévots étranges, bien dignes des divinités qu'ils adoraient !

Mais où avez-vous vu que le catholicisme ait jamais placé les Ravaillac et les Jacques Clément dans son martyrologe et les ait honorés comme des *saints ?*

Le christianisme, partout et toujours, n'a-t-il pas abhorré l'assassinat ?

Votre amour pour la Justice vous fait dire, en vérité, de singulières choses et vous pousse à d'étranges calomnies.

C'est ainsi que vous marchez, monsieur, confondant sciemment les principes et les fautes commises contre ces mêmes principes, la Religion et les crimes accomplis contrairement aux préceptes de cette même Religion, le bien et le mal, Dieu et le diable.

Vous prétendez même rejeter sur la Religion et sur Dieu les crimes de Robespierre, ce Néron de la démocratie, ce Caligula du dernier siècle.

Je lis dans votre premier volume, page 14 :

« C'est le christianisme qui, en 93, envoya la Révolution à la guillotine : il le ferait encore. La fête du 20 prairial fut un appel au parti prêtre. La démocratie, par la bouche de Robespierre, redemande à l'Être suprême la sanction des droits de l'homme : aussitôt la notion du droit s'obscurcit et la corruption, un instant suspendue, reprend sa marche. »

Doit-on s'indigner, doit-on rire, et le paradoxe atteignit-il jamais des limites plus folles ?

Vous seul étiez capable de le porter à ce comble d'extravagance.

Ainsi ce fut le spiritualisme, ou en d'autres termes, la croyance en Dieu, qui organisa la Terreur et dressa la guillotine; ce fut le spiritualisme qui décapita la royauté en la personne de Louis XVI et de Marie-Antoinette, et qui noya la France dans le sang de ses nobles et de ses prêtres; ce fut le spiritualisme qui ordonna les massacres de septembre, qui poussa Jacobins, Cordeliers et Girondins à s'entr'égorger, et força 89, nouveau Saturne, à dévorer ses enfants.

En un mot, ce fut le spiritualisme qui célébra cette longue fête de la Mort, une des plus sanglantes qu'ait jamais éclairées le soleil.

La Religion et Dieu furent les bourreaux; la Révolution et ses athées furent les victimes.

On ne doit voir dans l'hommage rendu par Robespierre à l'Être suprême qu'un appel au parti prêtre, et Robespierre lui-même n'était qu'un jésuite en robe courte.

Vous nous le prouvez, monsieur, sans réplique possible.

Après avoir longtemps erré dans le désert du spiritualisme, le monde, nouvel Israël, entrait enfin dans la Terre promise de la Révolution.

Tout marchait à souhait. La vertu la plus pure régnait en souveraine au sein de la Convention et du Tribunal révolutionnaire. Armée de la guillotine et coupant les têtes avec la plus scrupuleuse impartialité, la Justice passait son niveau comme une faux tranchante sur la moisson humaine. Au milieu de la place de la Révolution, l'autel de la Mort s'érigeait en permanence, et tous les jours des hécatombes étaient offertes à un autre Moloch altéré de sang, par les mains du bourreau, son grand prêtre. La Raison, sous le symbole d'une prostituée, recevait l'encens et les adorations des peuples par le ministère de Danton, de Saint-Just et de Marat, ses pontifes.

Bref, la Révolution triomphait, le catholicisme était terrassé, la justice humaine l'emportait sur la justice divine, l'homme avait vaincu Dieu, le monde entrait dans l'âge d'or.

Heureuse époque !

Ère de la Justice et de la guillotine, tu nous offrais en perspective un avenir semé de lys et de roses !

Mais voilà que la démocratie, par la bouche de Robespierre, redemande à l'Être suprême la sanction des droits de l'homme, et soudain *la corruption,* un instant *suspendue, reprend sa marche !*

Et nous sommes exilés de la Terre promise de la Révolution, nous sommes chassés de l'Eden de la Terreur !

QUATORZIÈME LETTRE.

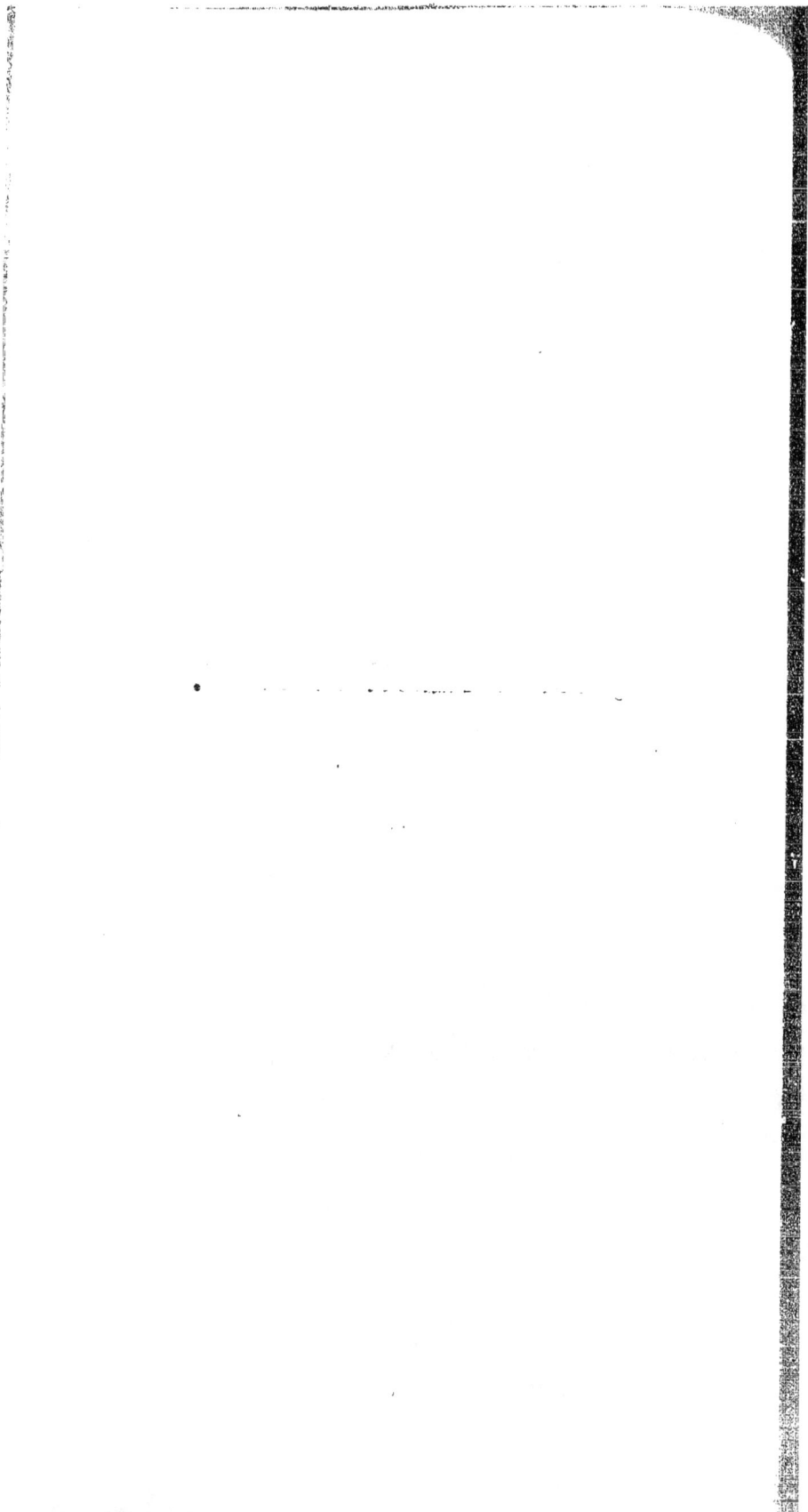

XIV

C'est une irréparable catastrophe, dont vous ne pouvez vous consoler, monsieur.

Votre œil se mouille de larmes et vous contemplez avec regret ce temps qui n'est plus, cette période merveilleuse de notre histoire, où la raison, la justice et la hache régnaient sans conteste.

Vous avez contre Dieu et contre le catholicisme une

11.

foule d'autres rancunes. Ainsi, vous dites à la page 97 de votre tome second :

« En détruisant le paganisme et le culte des divinités champêtres, le christianisme a pris le contre-pied du sens commun et des bonnes mœurs. »

Ce qui n'empêche pas (gardons-nous de l'oublier), que le christianisme est la seule religion *légitime*, la seule *qui sache adorer Dieu*, et qu'au bout du compte il est *sublime*.

« Sublime ! » et, en détruisant le paganisme, il a pris le *contre-pied du sens commun*.

« Qui sache adorer Dieu ! » et, en abolissant le culte des divinités champêtres, il a pris le *contre-pied des bonnes mœurs*.

Assurément, c'est la première fois qu'on reproche au catholicisme d'avoir fait acte d'immoralité en détruisant l'idolâtrie. Ce paradoxe-là, monsieur, marche de pair avec ses aînés.

Nouveau grief : la religion n'entend rien à l'éducation.

« De quel métier enseigne-t-elle l'apprentissage ? Connaît-elle les opérations industrielles, agricoles, douanières, la conduite d'un atelier, le service des bureaux et des magasins? » (Tome II, page 7.)

Voyez-vous cette impertinente Église, qui n'entend rien, absolument rien à l'agriculture, non plus qu'aux questions de douane; qui n'enseigne ni le métier de cordonnier, ni le métier de tailleur, et qui se croit apte à l'éducation ?

Quelle audace !

« La religion est inutile à l'éducation; loin de la servir, elle la fausse, en chargeant la conscience de *motifs impurs*, et en entretenant la *lâcheté*, principe de toute dégradation. »

Apprendre aux enfants à croire en Dieu et en l'immortalité de l'âme, *motifs impurs!* Leur enseigner à craindre la justice divine, *lâcheté!*

Ce sont là des sophismes qu'on signale pour inspirer l'horreur de vos doctrines, monsieur, mais qu'on ne réfute pas.

« La religion, continuez-vous, n'est pas moins étrangère à la philosophie, aux sciences et aux arts, »

De quoi vous accuserai-je ici, d'ignorance ou de mauvaise foi?

C'est l'Église qui a enseigné la philosophie au monde. Tous ses Pères, les Augustin, les Anselme de Cantorbéry, les Thomas d'Aquin, les Scott et tant d'autres furent les premiers philosophes. Il suffit de nommer le pape Gerbert (Sylvestre II) et le moine Roger Bacon pour vous prouver que l'Église nous a transmis le flambeau des lettres et celui de la science, — de la science qui, depuis, a trop souvent tourné contre sa mère les armes qu'elle en a reçues.

Quant aux arts, les musées sont remplis des marbres et des peintures de nos artistes religieux. Le sol de la vieille Europe est couvert de monuments, d'églises, de cathédrales qui portent jusqu'aux nues le magnifique témoignage de la supériorité de l'art chrétien.

Mais vos yeux et vos oreilles sont clos par la haine et le parti pris.

Je n'en veux pas d'autre preuve que la manière dont vous parlez des Bénédictins.

« C'est alors, dites-vous, que Jean Gualbert, fondateur de Vallombreuse, institua les frères *laïs* ou laïcs, chargés de la grosse besogne. A partir de ce moment, les pieux cénobites renoncent à la pioche ; ils se livrent à la copie des manuscrits et à *d'autres menues fonctions* littéraires. Ils finirent par ne rien faire et par s'engraisser d'une longue et sainte oisiveté. (Tome I, p. 228.)

En votre qualité de père de la Justice, voilà comme vous parlez de ces hommes studieux, de ces savants modestes, auxquels le monde moderne doit la plus grande partie de ses connaissances, auxquels vous devez les vôtres, raisonneur plein de conscience!

Menues fonctions, c'est facile à dire.

Quelles menues fonctions que celles qui ont produit la *Gallia christiana*, — les *Acta sanctorum*, — la *Collection des historiens de France*, — le *Spicilegium*, — l'*Art de vérifier les dates*, — la *Diplomatique*, — l'*Histoire littéraire de la France!* Quelles menues fonctions que celles d'un Gerson, d'un dom Martin Bouquet, d'un Mabillon, d'un Bernard de Montfaucon, d'un Calmet, et de tant d'autres vaillants ouvriers qui, pendant que leurs frères défrichaient le sol de la patrie, défrichaient pour nous le sol de la science, portaient la lumière au sein des ténèbres de l'antiquité, éclairaient nos propres origines, et dont les œuvres colossales nous écrasent, nous autres pygmées d'ignorance, comme la grandeur des pyramides égyptiennes écrase le fellah qui s'assied à leur ombre.

Lorsqu'on veut glorifier une œuvre, monsieur le philosophe, ne dit-on pas que c'est une œuvre de Bénédictin ?

Certes, la *longue et sainte oisiveté* dans laquelle *s'engraissaient*, à vous entendre, ces patients religieux, ferait honte, de nos jours, au savant le plus actif de l'Institut.

Il est vrai que les Bénédictins étaient des moines, et les moines seront longtemps encore le point de mire des ineptes railleries de nos badauds esprits forts.

Vous ne pouviez manquer, monsieur, d'apporter votre note au concert.

Du reste, il faut le dire, vous ne craignez pas de poser carrément les questions. Avec vous on sait où l'on va, et vous étalez sans gêne vos paradoxes dans toute leur nudité.

J'ouvre votre premier volume, et j'y trouve, page 28 :

« Croyez-vous en Dieu?

« Croyez-vous à la nécessité d'une religion ?

« Croyez-vous par conséquent à l'existence d'une Église, c'est-à-dire d'une société établie sur la pensée de Dieu, inspirée de lui et se posant avant tout comme expression du devoir religieux ?

« Si oui, vous êtes chrétien, catholique, apostolique, romain ; vous confessez le Christ et toute sa doctrine ; vous recevez le sacerdoce qu'il a établi ; vous reconnaissez l'infaillibilité des conciles et du souverain pontife ; vous placez la chaire de Saint-Pierre au-dessus de toutes les tribunes et de tous les trônes ; vous êtes, en un mot, orthodoxe.

« Si non, osez le dire : car alors ce n'est pas seulement à l'Église que vous déclarez la guerre, c'est à la foi du genre humain.

« Entre ces deux alternatives, il n'y a de place que pour l'IGNORANCE ou la MAUVAISE FOI. »

Très-bien !

Le problème est nettement posé. Pour la première fois nous sommes d'accord. Athéisme ou croyance en Dieu, il faut choisir. L'athéisme, c'est la *révolution* comme vous l'entendez ; la croyance en Dieu, c'est le catholicisme.

Catholicisme ou révolution, que les hommes se pro-noncent.

Toute la solution du problème de l'avenir est là. Reste à savoir qui va l'emporter, de l'homme ou de Dieu sur le champ de bataille de la conscience.

D'abord, que disent les deux doctrines?

L'une enseigne que l'homme, créé par Dieu et parti de Dieu, doit retourner à Dieu; — que la justice est Dieu même et repose en Dieu; — que notre conscience, reflet de la conscience divine, loin d'être la source de toute justice, est un flambeau allumé par le Créateur pour nous guider dans la vie morale.

La seconde doctrine chasse Dieu de la conscience, y intronise l'orgueil et lui élève une statue. Elle fait de l'homme son propre législateur et son propre Dieu, proclame la justice tout humaine, rien qu'humaine, indépendante de toute autorité supérieure et dénuée de tout caractère divin.

Bizarre justice, monsieur! car tout d'abord elle débute par un acte d'une criminelle injustice.

Elle trangresse la loi la plus impérieuse et la plus sainte, celle qui impose à l'être créé une reconnais-

sance sans bornes pour son créateur. Bien certainement cette justice là n'est pas la justice proclamée
par la conscience.

Oui, nous devons opter entre l'une ou l'autre de ces
deux doctrines.

Oui, l'homme doit choisir entre sa justice et la justice d'en haut, entre la créature et le Créateur, entre
lui-même et Dieu, entre la révolution et le catholicisme.

Pas de terme moyen !

Vous le repoussez, d'ailleurs, plus fortement que
personne, puisque vous dites :

« Jamais je n'eusse contesté l'autorité de l'Église,
si, comme tant d'autres qui se font ses compétiteurs,
j'admettais pour la justice la nécessité d'une garantie
surnaturelle. Je n'aurais pas cette présomption
étrange, partant de l'hypothèse que l'idée de Dieu est
indispensable à la morale, de me croire plus capable
que l'Église, plus capable que le genre humain, qui
y a travaillé plus de soixante siècles, de déduire en
théorie et de réaliser en pratique une telle idée. Je
me serais incliné devant une foi si antique, fruit de

la plus savante et de la plus longue élaboration dont l'esprit humain ait donné l'exemple ; je n'aurais point admis un seul instant que des difficultés insolubles dans l'ordre de la science conservassent la moindre valeur quand il s'agissait de ma foi ; j'aurais pensé que c'était là précisément ce qui faisait le mystère de ma religion, et pour avoir écharbotté quelques filasses métaphysiques, je ne me serais pas cru un révélateur. J'aurais craint surtout d'ébranler chez les autres, par des attaques imprudentes, une garantie que moi-même j'aurais déclarée nécessaire. » (Tome I, pages 35 et 36.)

On ne saurait mieux dire.

Je suis vraiment heureux de vous voir poursuivre, combattre à outrance et tailler en pièces les uns après les autres tous ces *écharbotteurs* de *filasses métaphysiques*, tous ces philosophes, tous ces déistes inconséquents, tous ces inventeurs de religions nouvelles, tous ces compétiteurs de l'héritage du christianisme, tous ces réformateurs absurdes, dont les rabâcheries commencent à Luther et à Calvin pour finir à ce digne père Enfantin et à M. Jules Simon.

Vous ajoutez :

« L'Église croit en Dieu ; elle y croit mieux qu'aucune secte. Elle est *la plus pure, la plus complète, la plus éclatante manifestation de l'essence divine*, et il n'y a qu'elle qui *sache l'adorer*.....

« ..... Il n'y a et il ne peut y avoir qu'une seule religion, une seule théologie, une seule Église. L'Église catholique est celle dont le dogmatisme, la discipline, la hiérarchie, le progrès réalisent le mieux le principe et le type théorique de la société religieuse, et celle, en conséquence, qui a droit au gouvernement des âmes, pour ne parler que de celui-là. » (*Idem*, pages 26 et 27.)

Que dirait de plus un fervent apologiste de la religion chrétienne ? que dirait de plus un père de l'Église ?

« C'est ainsi, ajoutez-vous encore, que par une critique supérieure nous sommes conduits à reconnaître que, hors de l'Église catholique, il n'y a ni Dieu, ni théologie, ni religion, ni foi. Là, comme dans la logique, la morale, les langues, éclate l'unité de l'esprit humain. » (Page 34.)

Ailleurs, vous vous écriez :

« Oh ! le christianisme est SUBLIME ! sublime dans la majesté de son dogme et la chaîne de ses déductions.

Jamais *pensée plus haute, système plus vaste* ne fut conçu, organisé parmi les hommes.

« Je fais ici le serment que, si l'Église parvient à renverser la *thèse nouvelle* que je lui oppose, si elle remporte sur la Révolution cette victoire, j'abjure ma philosophie et je meurs dans ses bras ! » (Page 164.)

Ciel ! qu'entends-je, monsieur?

Alors, précipitez-vous dans les bras de l'Église, car cette *thèse*, que vous croyez *neuve*, est ancienne comme le monde. Elle naquit le jour où l'Ange du mal dit à l'homme et à la femme : « Vous serez comme des Dieux, *eritis sicut Dii*. »

Vous n'étiez pas encore nés, vous et la Révolution, que l'Église avait déjà mille fois renversé *votre thèse* et remporté sur vous cette *victoire*, ô grand philosophe !

Mourez donc, mourez sans plus de retard, mourez en chrétien.....

C'est la grâce que je vous souhaite, au nom du Père et du Fils et du Saint-Esprit.

QUINZIÈME LETTRE.

XV

Mais je me laisse entraîner à de trompeuses illusions.

Pour vous, homme de blasphème, ces mots : *Je veux mourir dans les bras de l'Eglise* équivalent à ceux-ci : *Que je sois pendu!* ou : *Que le diable m'emporte !*

Revenons à votre système.

D'une part, nous avons le catholicisme, SEULE RELIGION LÉGITIME, si l'on prend au sérieux vos discours, — et, d'autre part, la RÉVOLUTION.

Vous nous jetez en plein dualisme manichéen ou parsique.

Ici, *Arihman*, le mal, c'est-à-dire, Dieu ; là, *Ormuz*, le bien, c'est-à-dire l'athéisme. Naturellement vous optez pour *Ormuz*, puisque dans votre langue *athéisme* est synonyme de *révolution*.

Ce que vous appelez la justice étant le contraire diamétral de la justice avouée par la conscience, et ne reposant (nous l'avons vu) que sur le chaos, la contradiction et la plus flagrante iniquité, vous êtes conséquent dans votre paradoxe, vous êtes logique dans l'absurde.

Le catholicisme dit :

« La crainte de Dieu est le commencement de la sagesse. »

Vous dites :

« Le commencement de la sagesse est la négation et le mépris de Dieu. »

« Gloire et obéissance à Dieu ! » dit le chrétien !

« Guerre à Dieu ! » répondez-vous.

En effet, c'est là votre devise et la devise de la révolution : GUERRE A DIEU ! Voilà le fondement de votre justice et son premier précepte. GUERRE A DIEU ! ce cri sinistre retentit d'un bout à l'autre de vos œuvres ; on peut dire qu'il est le mot de ralliement de votre croisade philosophique.

M. de Voltaire avait dit :

ÉCRASONS L'INFAME !

A un siècle de distance, vous lui répondez :

GUERRE A DIEU !

Voltaire a passé, l'infâme lui a survécu.

Vous passerez à votre tour, et Dieu, semblable au soleil qui inonde ses infimes insulteurs du déluge éblouissant de ses rayons, Dieu qui vous a créé pour l'adorer et le servir, continuera, malgré votre impudente déclaration de guerre, malgré vos outrages et vos dénégations impies, d'être le créateur éternel, l'auteur de la justice, et la justice elle-même.

Si parfois, au milieu de quelque nuit sombre, vous avez rencontré sous le portique du Panthéon les mânes ricanants du vieux loup de Ferney, ils ont dû presser votre main, comme on presse la main d'un frère.

12

Quelle joie de réunir votre fiel et votre haine dans un long et sympathique baiser !

Ce n'est pas à vous que ferait peur « l'épouvantable rictus » dont parle le comte de Maistre, ni « ces lèvres pincées, ressort toujours prêt à se détendre pour lancer le sarcasme. »

Je vois d'ici Proudhon et Voltaire échangeant leur mot d'ordre, et l'écho des voûtes répète ce double blasphème :

GUERRE A DIEU ! — ÉCRASONS L'INFAME !

O vous, tant que vous êtes, philosophes, déistes, réformés, sectateurs de la religion naturelle ou de la métempsycose pythagoricienne, inventeurs de cultes nouveaux ou restaurateurs de cultes tombés, saint-simoniens, fouriéristes, panthéistes, éclectiques, vous qui, bien que croyant en Dieu et à la justice fondée sur Dieu, ne cessez de battre le catholicisme en brèche, avez-vous entendu M. Proudhon déclarer que vous êtes inconséquents, illogiques ? L'avez-vous entendu prouver de la façon la plus péremptoire que le catholicisme seul est légitime et que les autres religions ne sont que des intruses ? L'avez-vous entendu dire que deux seuls principes subsistent désormais, en attendant que l'un des deux soit vaincu par l'autre ?

Vous n'avez plus le choix qu'entre le *catholicisme* ou la *révolution*.

Prenez garde ! vous êtes sur la pente qui a conduit ce philosophe au fond de l'abîme ! Un pas de plus, et vous y roulez avec lui.

En attaquant le catholicisme, en l'affaiblissant par vos défections, vous attaquez, vous affaiblissez le système religieux tout entier; vous attaquez Dieu lui-même et la Justice reposant sur Dieu; vous faites œuvre de révolutionnaires et d'athées. Vous donnez la main à M. Proudhon.

Dans l'hypothèse où vos efforts aboutiraient quelque jour à la ruine de l'édifice catholique, vous auriez détruit du même coup la croyance en Dieu et en la Justice.

Persévérer dans votre demi-système, rester à moitié chemin entre la Révolution et le catholicisme, inconséquence ! M. Proudhon vous le démontre; il vous le crie aux oreilles à haute et intelligible voix.

Athées ou théistes.

Révolutionnaires ou catholiques.

Choisissez

« Entre ces deux alternatives, il n'y a place que pour l'ignorance ou la mauvaise foi. »

Daignez me pardonner, monsieur, cette courte apostrophe à vos confrères, et poursuivons la série de vos griefs contre le catholicisme.

« Est-ce l'Église, demandez-vous, qui a produit cette génération à jamais glorieuse de 1789? »

Oui. L'Église réclame tout ce que l'époque a eu de vraiment noble et de vraiment beau, car elle était alors à la tête de l'éducation française. Elle n'a élevé, j'en conviens, ni Danton, ni Chaumette, ni Marat. C'est un reproche qu'elle vous permet de lui adresser.

J'avoue qu'elle ne réclame pas non plus, comme sortant de son école, cette société moderne dont vous proclamez la décadence et dont vous présentez un tableau si noir.

Depuis le règne de la révolution et de votre *Justice*, l'Église a perdu le sceptre de l'éducation.

Mais voici qui est plus grave.

Il paraît que le christianisme, qui n'a jamais rien

compris ni à l'homme ni à la société, si l'on vous croit sur parole, ne se comprend pas lui-même.

La preuve, c'est que vous êtes obligé de lui enseigner son *Pater Noster*.

Oh! que personne ici ne se moque et n'aille s'imaginer qu'on ne parle pas sérieusement! Nous ouvrons votre deuxième volume (page 29), sous les yeux de ces pauvres chrétiens, plongés dans l'ignorance, afin de leur prouver que, jusqu'à vous, ils n'ont rien compris à une prière qui, depuis tantôt dix-neuf siècles, est constamment sur leurs lèvres.

Lisons :

« Prise au sens littéral comme fait l'Église, l'oraison dominicale n'est qu'un tissu d'idées *niaises*, CONTRADICTOIRES, IMMORALES même et IMPIES. On peut en extraire une douzaine d'hérésies condamnées par le saint-siége. »

Voyez, qui se doutait de cela? Mais laissons l'oracle poursuivre :

« *Notre père!* — Père de qui, père de quoi? Le Dieu chrétien engendre-t-il à la manière de Jupiter? Cette interprétation ne saurait s'admettre. Je soutiens

12.

que ce *père* n'est autre chose que l'*âme* elle-même, s'interpellant sous un nom cabalistique et se posant comme infini. »

Dès que M. Proudhon le soutient, c'est une garantie suffisante. Acceptons ce nouvel article de foi.

« *Qui es aux cieux.* — Quelqu'un dans le ciel ! Le juif, qui faisait le ciel de métal et y logeait comme en un palais son Jéhovah, pouvait le croire. De nos jours cette localisation matérielle est impossible. Le ciel est partout et nulle part ; il faut recourir à la figure. *Père qui es aux cieux*, cela signifie donc : souveraine essence, source de toute justice, élevée au-dessus de toutes les créatures !... C'est Dieu, direz-vous encore. Vous allez vite en interprétation, et vous vous contentez de *bien peu de chose*. L'âme ne doit croire, connaître et affirmer que ce dont elle a le sentiment et l'expérience, et la seule chose dont elle ait ici le sentiment, c'est elle-même ; c'est son *moi* que rien n'égale dans le monde visible, et qu'elle découvre à travers le *télescope* de la contemplation transcendantale. »

Un fier instrument, je vous assure que ce télescope ! Arago n'en eut jamais de pareil à l'Observatoire.

« *Que ton nom soit sanctifié.* — A qui peut convenir ici le vœu de sanctification? à Dieu; c'est impossible. L'âme pense donc en réalité autrement qu'elle ne s'exprime. C'est comme si elle disait : Que par la contemplation de ma pure essence, je me sanctifie et me rende de plus en plus semblable à moi-même, à mon type, à mon idéal. »

O monsieur! que je voudrais voir le type, l'idéal et la pure essence de votre âme !

« *Que ton règne arrive.* — Le règne de Dieu est éternel, il ne tombe pas dans le temps. La proposition ne saurait donc regarder encore que l'homme, pour qui le règne de Dieu n'est autre chose que l'exaltation de sa propre essence et le développement de sa liberté. »

Nous savions bien que la liberté et la révolution trouveraient moyen de se fourrer ici.

« *Que ta volonté soit faite sur la terre comme dans le ciel.* — La volonté du Tout-Puissant ne peut pas rencontrer d'obstacle : prise dans la rigueur du terme, la prière serait une impertinence. Supposons donc qu'il s'agisse de la volonté de l'âme, et la pensée, qui tout à l'heure semblait dépourvue de sens, devient sublime. Que ta volonté, ô mon âme, s'accomplisse dans la région inférieure de ma conscience, comme elle se produit dans les hauteurs de mon entendement !.. »

De bas en haut et de haut en bas... Ainsi soit-il !

Tout le reste est de la même force. Ni l'Église, ni les fidèles n'ont évidemment rien compris jusqu'à ce jour au *Pater Noster*.

Ignorante Église !

Fidèles plus ignorants encore !..

Je suis trop poli, monsieur, pour éclater de rire au nez de votre doctrine et lui demander si elle n'arrive pas en ligne directe de Charenton.

Mais, entre nous, vous ne feriez pas mal d'appeler le docteur.

S'il vient à conseiller quelques douches, après avoir tâté le pouls à la pauvre raisonneuse, ma foi, ne balancez pas une minute, et suivez l'ordonnance.

SEIZIÈME LETTRE.

XVI

A coup sûr, votre paraphrase du *Pater noster* traversera les âges et restera comme un monument de l'aberration de l'esprit humain.

N'eussiez-vous que ce titre-là seul, vous iriez comme Érostrate à l'immortalité; mais vous tenez à honneur d'être prodigue envers la gloire, et voici un argument qui jettera nos derniers neveux dans l'extase.

Tome II, page 164 :

« Vous qui osez dire, sans savoir de qui ni de quoi vous parlez : *Montrez-moi un grain de sable, et je vous démontrerai Dieu*, permettez que je vous rétorque l'argument : Montrez-moi un grain de blé, et je démontrerai la grandeur de l'homme. »

O la superbe logique, et comme voilà Dieu et les théistes écrasés du coup !

En quoi, je vous prie, le grain de blé démontre-t-il la grandeur de l'homme ? Est-ce l'homme qui l'a créé ? Est-ce l'homme qui le fait germer dans la terre ? Est-ce l'homme qui le gonfle de sève et lui donne sa tige ? Est-ce l'homme qui le couronne de l'épi nourricier ? Est-ce même l'homme qui sema le premier grain ?

Qu'il le confie à la terre, ou qu'il soit apporté par le vent ou l'oiseau, ne germe-t-il pas également ?

Ce grain de blé que vous opposez à Dieu d'une façon si triomphante, pour faire ressortir la grandeur de l'homme, son rival, démontre, au contraire, d'une façon péremptoire le néant de l'homme et la toute-puissance de Dieu.

Hélas ! triste philosophe que vous êtes, je ne veux

pas d'autre preuve de la fausseté de vos doctrines
que ce simple grain de blé !

Votre réquisitoire n'est pas fini contre le christianisme, et nous allons nous enfoncer, à votre suite,
dans le dédale de vos paradoxes. Nous ne courons
aucun risque de nous y perdre. Entre nos mains,
comme entre celles d'Ariane, est un fil qui nous guide.

Ce fil, est celui de la vérité.

« Le christianisme, dites-vous, impuissant devant la
vie, ne l'est pas moins devant la mort.... La mort du
chrétien est horrible.... Voyez mourir Pascal, La Fontaine, Racine, le grand Condé, Turenne, Fénelon....
Oh ! quand je n'aurais contre le christianisme que
cette mort de Fénelon, ce serait assez pour ma haine :
je ne pardonnerais pas à Dieu !... Bossuet, à son lit
de mort, prie les assistants de demander pardon à
Dieu de ses péchés. » (Tome II, pages 116 et 117.)

Ainsi la *mort du chrétien est horrible*, parce qu'il
demande à Dieu *pardon de ses péchés*.

Le chrétien croit en Dieu.

Pour lui son passage ici-bas n'est qu'un temps d'épreuve ; il le regarde comme le prélude d'une autre vie, récompense ou punition de la première. Arrivé à son dernier jour, parvenu au bout de son pèlerinage terrestre, ayant accompli son épreuve, touchant à l'heure fatale où ses deux existences vont devenir limitrophes, sentant la vie s'enfuir et la mort approcher, il jette derrière lui un regard d'inquiétude, et repassant ses fautes dans l'amertume de ses regrets, il se prosterne et demande grâce au juge suprême. Son dernier souffle est tout à la fois un acte de repentir et d'espérance.

Voilà pourquoi *sa mort est horrible.*

Ah ! que bien différente est la mort du juste révolutionnaire ! Il assemble ses parents et ses amis, il les convie « à un souper, égayé par une douce causerie. Au dessert il commence ses adieux » et meurt gaiement le verre à la main.

Si nous vous en croyons, votre père mourut ainsi, monsieur le philosophe, et vous ajoutez, comme oraison funèbre :

« Il mourut en brave. »

Triste bravoure !

Dans votre audace de sophiste il n'y a rien de sacré pour vous. Croira-t-on que vous comparez le Juste des justes à un de nos démagogues assassins, pour mieux décerner à celui-ci la palme du courage ?

Relisez la phrase que vous avez écrite :

« Supérieur à Danton pour la sainteté, Jésus lui fut inférieur par l'énergie. Nul homme n'égala Danton devant la mort. » (Tome II, page 128.)

Ici le rire doit se taire et faire place à l'indignation.

Citer de pareilles infamies, c'est vouer celui qui les signe à la flétrissure du sentiment public.

L'homme qui a l'impudence d'établir un parallèle entre Jésus et Danton, entre le Sauveur du monde et le coupeur de têtes, entre la sainteté par essence et l'assassinat ; l'homme qui proclame la supériorité sur Jésus de l'un des ogres de la révolution, du tueur de de l'Abbaye et des Carmes, du monstre qui organisa les septembrisades et qui ordonna, d'un bout de la France à l'autre, le massacre des prisonniers, cet homme, cet écrivain, se déshonore.

Je devrais m'arrêter ici, monsieur, votre cause est jugée.

La justice dont vous vous proclamez le *père*, n'est que l'injustice poussée jusqu'au scandale, jusqu'à l'horrible. Vous le prouvez surabondamment.

Quelle que soit notre répugnance, nous allons poursuivre.

« Henri Heine, dites-vous, est mort comme il avait vécu, en *catin*. Sa place est au charnier des filles repenties; il ferait honte à la Salpétrière. » (Tome II, page 127.)

Et le motif de cette foudroyante réprobation ?

Le voici :

Henri Heine a commencé par être jeune *hégélien*; il a d'abord professé l'athéisme dans son livre *De l'Allemagne*; puis il a fini par croire en Dieu et par incliner vers le catholicisme, aux derniers jours de son existence, ainsi que le démontrent ses *Confessions d'un poète*, publiées par la *Revue des Deux-Mondes*.

Croire en Dieu, incliner vers le catholicisme : double crime qui vous arrache un cri de colère.

D'après vous enfin, qu'est-ce donc que la mort? Écoutons, votre logique est admirable.

« La mort, dites-vous, est la balance par laquelle
se liquide notre carrière. Si cette carrière est pleine,
il y a bénéfice et heureuse mort; si la vie a été mauvaise et coupable, il y a déficit et la mort est une banqueroute à la vie. »

Mais où sera la récompense du juste dont la vie se
liquide avec bénéfice? où sera le châtiment du banqueroutier?

Dans la mort même, dites-vous.

Pauvre récompense et léger châtiment !

Si la justice de nos tribunaux ressemblait à la vôtre,
je veux dire si la punition de la banqueroute ne con-
sistait que dans la banqueroute elle-même, le commerce irait droit aux abîmes, et nous aurions en
perspective des désastres sans nombre. Heureusement
les magistrats ne se contentent point de cette justice
illusoire, ou plutôt de cette absence de justice : ils
font saisir le banqueroutier et l'envoient aux ga-
lères.

Ainsi votre prétendue justice est tout à la fois le
contrepied de la justice divine et de la justice humaine.

Que dirons-nous encore? Faut-il citer comme spé-

cimen de votre fureur de paradoxes la phrase burles-
que qui va suivre :

« A *Pantagruel* commence à poindre la morale,
Rabelais est *chaste* entre les écrivains. »

Ou cette autre :

« L'*Enéide* devait servir d'Évangile aux nations;
l'*Enéide* est le christianisme même. Comment le *Messie*
de la ville éternelle a-t-il été supplanté par cette *macédoine* du Nouveau Testament? Un *Logos* que n'avait
pas même rêvé Platon prit la place du *Verbe légitime*.»
(Tome III, page 122.)

A la bonne heure! Évidemment le christianisme a
pillé Virgile.

Dogme d'une providence souveraine, dogme de
l'immortalité de l'âme, théorie de l'origine du mal, il
a tout emprunté à l'*Enéide*. La descente de Jésus-
Christ aux limbes n'est qu'une parodie de la descente
d'Énée aux enfers.

Inclinons-nous devant cette magnifique assertion du
père de la Justice.

Eh! monsieur, pendant que vous êtes en si beau

train de sophismes, poussez les choses jusqu'au bout !
Déclarez à la face du monde que la Bible tout entière
est une contrefaçon de l'*Enéide*, et que Moïse a été le
copiste du chantre de Mantoue.

Mais, à propos, en déclarant que l'*Enéide* est le
VERBE LÉGITIME et qu'il devait servir d'ÉVANGILE aux
nations par cela même qu'il professe le triple dogme
de la **Providence**, de l'*immortalité de l'âme* et de la
déchéance primitive, vous oubliez que ces mêmes
principes ont été signalés par vous comme la source
de toute injustice et de toute corruption.

Vous glorifiez, par conséquent, dans l'*Enéide* ce que
vous exécrez dans l'Évangile.

C'est un exemple d'impartialité comme on en voit
peu.

Le *Paradis perdu* de Milton, la *Jérusalem délivrée*
du Tasse, la *Messiade* de Klopstock, toutes les épopées
chrétiennes sont ineptes et ridicules, dites-vous, parce
qu'elles chantent des *dogmes surannés*.

Mais l'*Enéide*, ô philosophe impartial, chante les
mêmes dogmes.

Il est pourtant des œuvres modernes que vous acceptez, que vous proclamez les seules dignes d'être lues, les seules conformes à la Justice, les seules avouables par la Révolution. Ces œuvres ont pour titre : *Pantagruel*, — *Gil Blas*, — *Candide*, — et..... la PUCELLE!

Votre idéal poétique est à la hauteur de votre idéal en philosophie.

Certes, monsieur, vous avez raison de le reconnaître : la Justice dont vous êtes le *père*, la Justice dont le catéchisme est la PUCELLE, — c'est-à-dire le poëme le plus ignoble, le plus déshonorant et le plus chargé d'opprobre des temps anciens et des temps modernes, — cette Justice-là est « incompatible avec la Religion. »

Je passe à d'autres sophismes.

« La cause première du péché, dites-vous, est l'âme adorant une fausse divinité (lisez Dieu), création de l'âme elle-même. C'est de l'IDOLATRIE. » (Tome III, page 50.)

Idolâtrie! l'acte par lequel notre âme adore Dieu!

Vous poussez loin l'abus des mots. Il est vrai que.

fidèle à votre constante habitude de vous contredire, vous ajoutez quelques pages plus loin :

« Tant que la *foi anime la conscience*, la Justice se fait respecter, et la société se soutient. Mais bientôt, la *foi éteinte*, *Dieu insulté*, le droit ne tarde pas à être foulé aux pieds. » (Tome III, page 62.)

Arrangez ensemble, s'il est possible, toutes ces belles choses. Votre logique, monsieur, s'appelle galimatias.

DIX-SEPTIEME LETTRE.

XVII

Toujours en votre qualité de père de la Justice, vous écrivez dans votre préface :

« Comme le roseau de la fable, l'Église *plie et ne rompt pas.* Du train dont la mènent ses ineptes rivaux, elle durerait encore dix-huit siècles en pliant toujours. Elle plie devant la puissance politique et elle dure ; devant la philosophie elle plie et elle dure ; devant la science elle plie et elle dure ; devant la Réforme elle plie et elle dure. Elle durera tant qu'elle ne sera pas attaquée dans son fort, tant que la Révolution, élevant plus haut le débat, n'aura point débarrassé la Justice de cette sanction divine qui la rend boîteuse, et dont l'Église est le suprême représentant. » (Tome I, pages 36 et 37.)

Voilà, monsieur, comme vous écrivez l'histoire au nom de la Justice : l'Église ne *dure* qu'à la condition de *plier*.

ELLE PLIE DEVANT LA PUISSANCE POLITIQUE.

Dans les trois premiers siècles de son existence et pendant le règne de votre sublime Révolution, l'Église, en effet, s'est courbée devant la puissance politique, mais c'était pour offrir sa tête à la hache du bourreau.

Jadis des millions de fidèles *plièrent* ainsi sous le glaive persécuteur des Néron, des Dioclétien, des Tibère.

L'Église *pliait*, lorsque, par la voix de saint Ambroise, elle arrêta au seuil du temple et condamna à une pénitence publique celui devant lequel s'inclinait le reste de l'univers, Théodore, souillé du meurtre de sept mille habitants de Thessalonique.

L'Église *pliait* dans la personne de saint Athanase, qui défendit avec un courage héroïque le christianisme naissant contre la haine et la puissance des empereurs schismatiques ou païens.

L'Église *pliait* quand, au siècle d'Attila, Rome, Orléans, Troyes, Paris, furent sauvés des flammes et du massacre par saint Léon, saint Aignan, saint Loup et sainte Geneviève.

Elle *pliait* quand saint Grégoire de Tours protégea contre les fureurs de Chilpéric et de la sanguinaire Frédégonde le jeune Mérovée, qui était venu chercher un asile auprès du tombeau de saint Martin, — comme elle *pliait* aussi lorsque cette même Frédégonde, voulant donner un libre essor à ses crimes, cloua par un coup de poignard le reproche et la censure dans la gorge d'un vertueux évêque.

Elle *pliait* quand le pape Grégoire V imposa à Robert, roi de France, une pénitence de sept années pour le punir d'avoir violé par son mariage les lois ecclésiastiques.

Elle *pliait* quand Grégoire VII, ce fils de charpentier couronné de la tiare, soutenait intrépidement les prérogatives de sa couronne spirituelle et temporelle contre les envahissements de l'empereur Henri IV, réduit à venir s'humilier aux pieds du fier pontife.

Ne *pliait*-elle pas aussi lorsque Boniface VII combattit les prétentions de Frédéric d'Allemagne et de Philippe-le-Bel ?

Ne *pliait*-elle pas encore lorsque seule, opposant une digue aux effroyables désordres, aux sanglantes guerres civiles qui désolaient la France et l'Allemagne, vers le treizième siècle, elle força les partis qui s'entr'égorgeaient à accepter la *Trève de Dieu?*

L'Église a *plié* pendant tout le moyen âge, lorsque, représentant l'intelligence, la raison, la justice, et faisant contrepoids au pouvoir brutal, elle prit en tutelle la société mineure, défendit les peuples contre les rois, les faibles contre les forts, et ne craignit pas de foudroyer de ses armes spirituelles les diadèmes et les sceptres.

Elle a *plié* quand, à l'aurore des temps modernes, elle refusa de satisfaire les caprices impudiques de Henri VIII, retranchant du tronc de sa puissance un de ses rameaux les plus verdoyants, plutôt que de souffrir une atteinte à la morale éternelle et à la Justice.

Au dernier siècle enfin, nos pères l'ont vu *plier*, quand, — pour ne pas obéir aux Tibères et aux Dioclétiens de la Terreur, — fidèles, prêtres, pontifes donnaient leur tête au couteau de la guillotine, ou mouraient déportés, sous le ciel dévorant de Sinnamari.

Mais l'Église, vous écriez-vous, a conclu des traités, des concordats, des pragmatiques-sanctions.

Belle merveille, en vérité, que deux pouvoirs, s'exerçant depuis dix-huit siècles côte à côte, aient songé parfois à s'entendre sur la délimitation de leurs frontières respectives ! Ne serait-il pas prodigieux qu'il en fût autrement? Si parfois l'Église a consenti à restreindre sa puissance temporelle, jamais elle n'a abandonné un seul de ses dogmes à la pression de l'autorité politique.

Vous le reconnaissez vous-même. (T. I, p. 25.)

« ..... A présent que la Réforme n'est plus qu'un mot, le concile de Trente régit encore sans conteste l'univers orthodoxe. »

ELLE PLIE DEVANT LA PHILOSOPHIE.

Où? quand, monsieur?

Pliait-elle devant Manès ressuscitant le dualisme de Zoroastre, devant les néoplatoniciens d'Alexandrie, devant Plotin, Philon, Porphyre, Jamblique et Proclus?

A-t-elle *plié* devant Spinosa et son *Ethique*, devant Voltaire et l'*Encyclopédie?*

De nos jours, a-t-elle *plié* devant le rationalisme allemand qui, parti du doute spéculatif, est arrivé à l'athéisme pur et simple; devant Kant, Schelling, Fichte, Hégel, Feuerbach? A-t-elle *plié* devant le sensualisme de la Romiguière et le panthéisme de M. Cousin? A-t-elle *plié* devant Lamennais? A-t-elle *plié* devant les mille systèmes contradictoires qu'il a plu à la philosophie moderne d'inventer ou plutôt de rééditer? *Plie*-t-elle devant M. Jean Reynaud et sa métempsycose, devant M. Jules Simon et sa religion naturelle?

Croyez-vous qu'elle pliera devant les trois volumes impies publiés chez Garnier frères?

ELLE PLIE DEVANT LA RÉFORME...

Quand on hasarde des assertions de ce genre, on prend au moins la peine de les appuyer de quelque preuve, soit l'une, soit l'autre.

Vous vous en gardez bien.

Pourtant, je me trompe, vous en donnez une ; c'est la phrase déjà citée :

« Les églises dissidentes tombent en ruine ; ELLE en recueille les débris et se reforme sans cesse. »

Voilà comment l'Église plie devant la Réforme.

Allons, monsieur, prenez la liste des innombrables fondateurs de sectes ; évoquez-les tour à tour, se nommassent-ils Henri VIII, Luther ou Calvin, et questionnez-les afin de savoir si l'Église a *plié* devant leur révolte ! Elle a ressenti, vous n'en doutez pas, une douleur profonde au départ de ses enfants parjures ; elle est pour eux toujours prête à la miséricorde et au pardon.

Mais, assise sur le roc immuable de son dogme,

elle ne donne aucun **signe de faiblesse,** aucun signe de crainte.

Ses ennemis passent, elle reste debout.

ELLE PLIE DEVANT LA SCIENCE.

Vous n'avez pas prévu, sans doute, en écrivant ces mots, que plus loin vous diriez absolument le contraire.

Tome II, page 333, nous lisons :

« Astronomes, vous affirmerez, malgré la géométrie et malgré le témoignage de vos yeux, l'immobilité de la terre; géologues, vous croirez au déluge; naturalistes, vous saurez que toutes les races humaines sont sorties d'un même couple; philologues, vous placerez à Babel le principe de la diversité des langues; chronologistes, vous accorderez vos dates avec la Bible, — sans quoi l'Église vous retranche de sa communion. »

C'est là ce que vous appelez, monsieur, *plier devant la science.*

O puissant logicien ! quand donc en finirez-vous avec le pour et le contre? Plus j'avance, et plus je demeure convaincu, grâce à vos contradictions perpétuelles, que vous écrivez sans principes fixes, sans idées arrêtées sur rien, et que votre seul but est de jouer au paradoxe.

En effet, comment avoir une autre opinion d'un auteur surpris à chaque minute à dire *oui* et *non* sur la même matière?

Je le soupçonne tout naturellement de ne pas croire un mot de ce qu'il me dit.

DIX-HUITIÈME LETTRE.

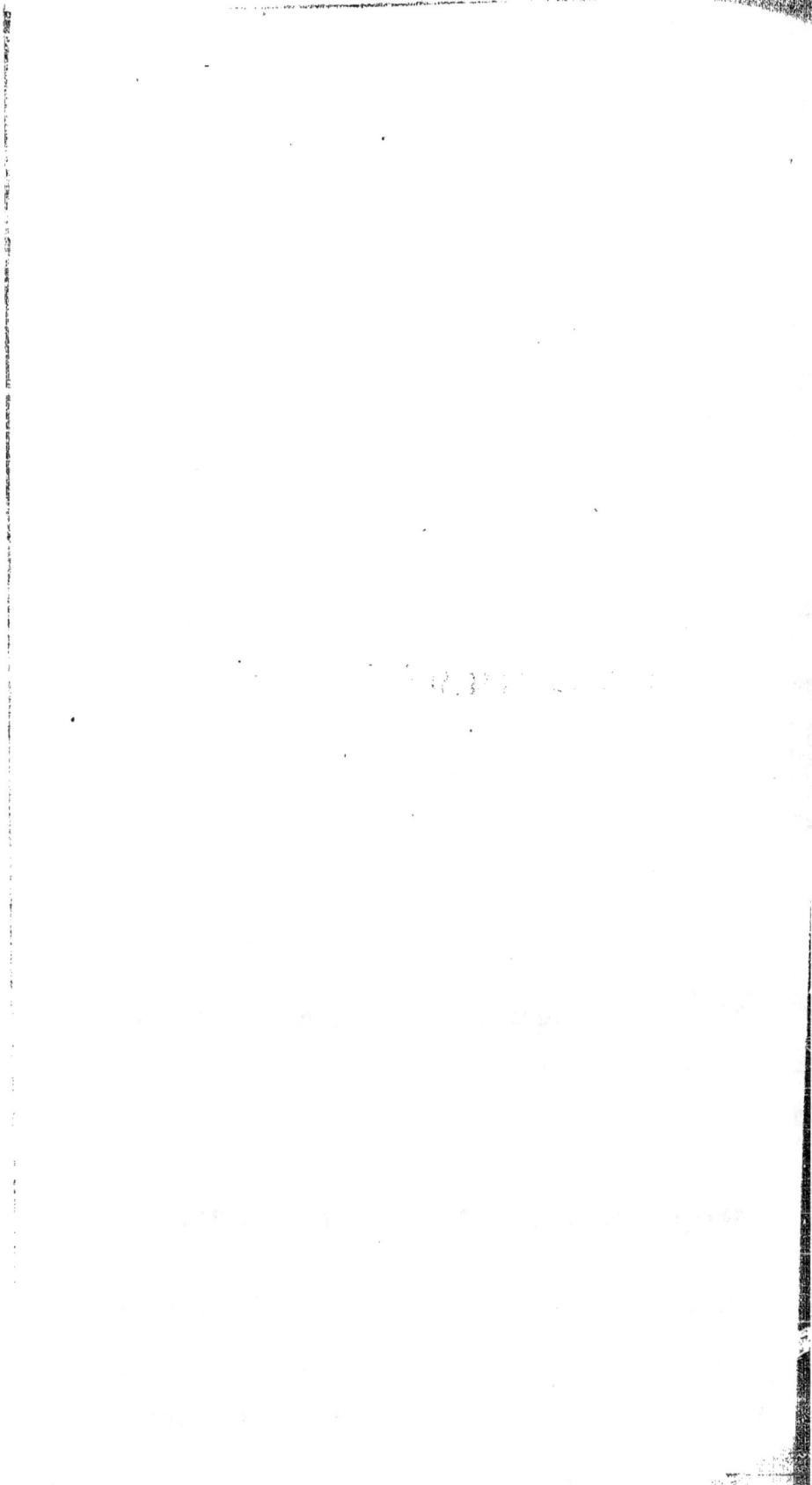

XVIII

Néanmoins examinons tour à tour chacun des points de votre dernier paragraphe : la chose en vaut la peine.

Astronomes, vous affirmerez l'immobilité de la terre.

Eh! non, monsieur, les astronomes n'en sont point réduits à cette extrémité, et l'Église ne les oblige point à mentir, sous peine de les exclure de sa communion.

14

Celui qui affirma le premier la mobilité de la terre et plaça le soleil au centre de notre système était membre de cette même Église, sur laquelle vous faites peser une injuste accusation. Ignorez-vous, par hasard, que Nicolas Copernic était chanoine du chapitre de Frauenbourg? Peut-être ne vous en souvient-il pas; mais son traité célèbre *De revolutionibus orbium celestium*, inaugurant l'astronomie nouvelle, parut sous les auspices du pape Paul III.

Si Galilée, auquel évidemment vous faites allusion, fut molesté par le Saint-Office (tribunal qui, d'ailleurs, ne fut jamais l'Église), et non persécuté avec barbarie, comme le répète, de siècle en siècle, une malveillance ignare, — imputation calomnieuse réfutée, du reste, par les lettres authentiques de l'illustre savant (1). — Ce ne fut pas, monsieur, je vous l'affirme, parce qu'il adopta l'opinion du chanoine Copernic. Non, ce fut uniquement parce qu'il s'obstinait à attribuer à cette opinion une valeur théologique et surnaturelle.

(1) *Mémoires et lettres inédites de Galiléo Galilée* (Modène 1818 et 1821). Ces documents constatent que, pour cachot, Galilée habita successivement la villa Médicis, à Rome, et le palais de l'archevêque de Sienne. Voilà les *affreuses tortures* qu'il a subies.

D'ailleurs, Galilée a embarrassé le système de Copernic de quatre ou cinq erreurs fondamentales, qui ont été relevées par Laplace.

Mais le soleil arrêté par Josué !

Pourquoi pas ?

La science démontre que le soleil n'est pas immobile et qu'il gravite autour d'un centre inconnu, emporté dans le tourbillon de ces immenses spirales d'autres soleils, dévoilés par le gigantesque télescope de lord Ross.

Josué, pour nous servir de l'expression de Châteaubriand, ne fit, en arrêtant le soleil, qu'immobiliser le grand ressort de la machine céleste.

Étudiez sérieusement, monsieur : vous verrez que le fait concorde avec les traditions anciennes et les observations géologiques. Le déluge d'Ogygès et de Deucalion, qui ne dura que vingt-quatre heures, répond exactement par sa date et sa durée à la perturbation qu'éprouva la nature, la terre cessant tout à coup de tourner sur elle-même.

Des savants attribuent à ce trouble momentané l'irruption soudaine de la mer sur les côtes occidentales de l'Europe et de l'Afrique, ainsi que la formation des déserts et des dunes par l'envahissement des sables.

C'est à ce phénomène qu'on donne pour effet l'anéan-
tissement de la mystérieuse Atlantide de Platon.

Si la Mythologie peut servir de preuve, elle vous
apprend qu'Hercule fut conçu dans le sein d'Alcmène
pendant une double nuit. Or, l'étude du texte sacré
constate que la Grèce, séparée par onze degrés longi-
tude du champ de bataille où les cinq rois furent
taillés en pièces, dut rester pendant vingt-quatre
heures plongée dans la nuit ou le crépuscule.

Géologues, vous croirez au déluge.

Est-ce que vous n'y croyez pas, vous, monsieur?
Dites franchement si vous êtes de la force de Voltaire,
qui, en haine du déluge et de la Bible, déclara, au
milieu des éclats de rire de l'Europe savante, que les
coquillages trouvés à la cime des Alpes y avaient été
apportés par des pèlerins.

La science, Dieu merci, la vraie science, a marché
depuis le *Dictionnaire philosophique.*

Une saillie, une pointe, même la mieux aiguisée,
ne dispense plus du savoir, et un étudiant de nos

écoles, pour peu qu'il eût profité des leçons du maître, poufferait de rire au nez illustre de M. de Voltaire, si le philosophe revenait aujourd'hui débiter de pareilles sottises.

Vous déclarez, monsieur, je ne sais plus où, que le déluge est une *légende bouffonne.*

S'il y a quelque chose de *bouffon* dans le déluge, ce n'est assurément que la manière dont vous en parlez. Cette *légende bouffonne* est affirmée par tous les géologues, par Buckland, de la Bêche, Deluc, Saussure, Bremontier, Dolomieu, Cuvier, Élie de Beaumont, etc.

Quand vous m'aurez démontré que tous ces savants de premier ordre se trompent, je consentirai à vous faire écho et à considérer le déluge comme une *légende bouffonne.*

En attendant, permettez-moi de préférer leur avis au vôtre, et de voir dans ce cataclysme un événement réel, qui n'eut rien de *bouffon,* n'en déplaise aussi à M. de Voltaire,

La science a scruté les profondeurs du globe ; elle a compulsé chacune de ses couches superposées, comme elle eût fait des feuillets d'un livre. Soit qu'elle ait eu

14.

pour interprète Werner, le fondateur de la géologie stratigraphique ou des paléontologistes tels que Cuvier, de Blainville, d'Orbigny, Owen, etc., ou Léopold de Buck, qui le premier tenta l'alliance de la stratigraphie et de la paléontologie, la science s'est trouvée d'accord avec la Bible, et pour les époques et pour l'ordre de la création.

Cuvier a confirmé Moïse.

Naturalistes, vous saurez que toutes les races humaines sont sorties du même couple.

Oui, monsieur, du même couple, et cela malgré vos dents.

Ma parole d'honneur, on vous prendrait pour une ombre qui revient du dix-huitième siècle. Vous avez tous les préjugés systématiques de la philosophaille de ce temps-là.

Quand vous parlez de la science et de ses découvertes, vous ne semblez pas vous douter le moins du monde des progrès accomplis par elle depuis soixante-dix ans. Gageons que vous n'avez jamais entendu parler des études sur l'histoire naturelle de la race humaine par les Camper, les Blumenbach, les Crawfurd, les Ritter, les Lacépède, et *tutti quanti*.

Pauvre homme ! d'où sortez-vous ?

L'unité de la race humaine est démontrée par tous ces savants, *ad unguem*, sans réplique possible.

Il n'y a qu'une race, entendez-vous, monsieur le philosophe, une seule race, divisée en trois grandes familles principales, selon la couleur de la peau ou la conformation du crâne.

Si vous en êtes encore au système de Desmoulins de Virey, ou à celui de Bory-Saint-Vincent, qui comptait je ne sais combien de races distinctes ; ou à celui de Lamarck, qui enseignait que l'homme descend en droite ligne du singe, et que le Hottentot est le frère du Babouin, j'en suis désolé pour vos sympathies et pour votre ignorance.

Philologues, vous placerez à Babel le principe de la diversité des langues.

Ils n'ont pas attendu, monsieur, votre permission pour le faire.

Grâce aux travaux d'Adelung, des deux Schlegel, des deux de Humboldt, de Vans Kennedy, de Goulianoff, de Wither, de Hammer et du jésuite Lorenzo Hervas-y-Pandura , auteur de l'*Idea del mondo*, la philologie est arrivée à cette double conclusion :

1° Les langues se ressemblent tellement par leur côté lexicologique et grammatical, qu'elles ont dû sortir d'une langue commune, mère de toutes les autres.

2° Les langues présentent des différences tellement tranchées qu'elles ont dû être séparées du tronc commun par une commotion violente.

Ainsi ont pensé Herder, Sharon-Turner, Abel Rémusat, — et la Bible ne dit pas autre chose.

Voyons, essayez de contester ce double résultat des recherches de la science; car vous êtes philologue, monsieur, vous aussi, — *tu quoque !*

Ne parlez-vous pas tous les idiomes dans votre livre, et si bien, qu'on dirait parfois de la tour de Babel? Ne distribuez-vous pas, çà et là, vos réprimandes pédantesques? N'appliquez-vous pas, à droite et à gauche, sur les doigts du premier venu, des coups de votre férule de magister, donnant à celui-ci une leçon de grec, à celui-là une leçon d'hébreu, recomposant des textes entiers, et prouvant clairement à l'univers que jusqu'à vous on avait compris très-peu de chose aux langues ?

C'est ainsi que vous refaites la Bible des pieds à la tête.

Vous attribuez à ses principaux passages, notamment aux psaumes de David, un sens que n'ont jamais soupçonné tous les scholiastes, commentateurs et traducteurs connus, depuis les Septante et saint Jérôme, jusqu'à Vence et Bossuet.

Je ne puis m'empêcher de citer ici un exemple de votre sagacité philologique.

On avait cru jusqu'à vous que le mot *religion* venait de RELIGARE, *lier doublement*, d'où cet axiome : *Lex ligat, religio religat*. Mais, en votre qualité d'homme essentiellement paradoxal, vous ne pouviez admettre une opinion depuis si longtemps reçue, et, d'ailleurs, cette étymologie contrariait votre système.

En effet, si le mot *religion* vient de *religare* la religion serait donc un lien, le lien des âmes professant le même culte ? Elle aurait donc une morale, une justice ?

Peste ! que deviendrait alors la théorie de l'IMMANENCE, de l'homme LÉGISLATEUR et la fameuse maxime :

LA RELIGION ET LA JUSTICE SONT INCOMPATIBLES ? On ne
renonce pas ainsi à trois volumes de paradoxes pour
un mot gênant, pour un point de linguistique ridicule
qui vient mal à propos donner un croc en jambes à
vos argumentations.

Là-dessus, vous ouvrez votre dictionnaire latin et
vous vous mettez à la recherche d'une étymologie plus
accommodante et plus *révolutionnaire*.

Tout à coup votre doigt se heurte au mot *plicare*.

Quelle heureuse chance ! **Plicare, plier**, d'où s'humilier, s'abaisser, courber le front dans la poussière.
Aussitôt vous voilà, comme le célèbre géomètre de
Syracuse, à courir par les rues, annonçant à tous les
échos votre immortelle découverte.

« *Euréka !* j'ai trouvé ! »

Puis vos typographes impriment cette phrase qui
ferait éclater de rire un élève de huitième : « Le mot
religion vient de *plicare*, à moins pourtant qu'il ne
vienne de *flectere*. »

Quel chemin le mot *plicare* ou le mot *flectere* ont-ils
pris, quelle métamorphose ont-ils dû subir pour faire
religio ? Vous oubliez de nous l'apprendre, et pour
cause.

Décidément votre linguistique et votre philosophie ont la même valeur.

On se livre à la chasse du paradoxe ; on est obligé de poursuivre cette insaisissable chimère dans une course frénétique, semblable à celle de Lénore et de son cavalier funèbre, et l'on se casse le cou dans l'absurde.

Poursuivons.

Chronologistes, vous accorderez vos dates avec celles de la Bible.

Mais oui, certainement.

Nous n'en sommes plus aux fables imaginées par ce malheureux Bailly (une victime de votre révolution mère de la justice !) Nous n'en sommes plus à la fantastique antiquité attribuée par l'ignorance du XVIIIᵉ siècle aux Hindous et aux Égyptiens. Delambre, Colebrooke, Bentley, Jones, Schonback, Laplace et autres ont depuis longtemps démoli cet édifice de mensonges. Chronologistes, naturalistes, géologues sont tous arrivés à reconnaître que le monde est relativement moderne ; que la terre, sous la forme actuelle, est jeune encore et ne compte pas plus de six à sept mille ans d'existence.

Le colonel James Tod, tout en suivant une autre voie que Wilford, Hamilton et Heeren, ses devanciers, arrive au même résultat. Il prouve que l'origine des Hindous ne peut remonter au-delà de deux mille deux cents ans avant Jésus-Christ, c'est-à-dire à quelques siècles après le déluge.

Ainsi en est-il du peuple chinois, qui s'attribue cent mille ans de durée, et pour lequel la certitude en histoire ne remonte pas au-delà du neuvième siècle avant l'ère chrétienne. Cong-Fou-Tseu, qui écrivit leurs premières annales sérieuses, naquit vers l'an 551 avant Jésus-Christ.

Ne savez-vous pas, monsieur, que le sphinx égyptien lui-même a laissé deviner ses énigmes ?

Les premiers Œdipes furent les deux Champollion, Young et Bankes, grâce à l'obélisque de Philæ et surtout à la pierre bilingue de Rosette.

Si les chronologistes n'ont pu débrouiller encore le chaos des dynasties de Manéthon, malgré les travaux du protestant Coquerel, de Wilkinson, de Burton, de monseigneur Bouvet, de l'abbé Greppo, et surtout de l'abbé Rosellini, collaborateur de Champollion, les linguistes ont établi l'affinité de la langue égyptienne et de la langue hébraïque.

De leur côté, les naturalistes ont trouvé dans le type égyptien la double trace du sang africain et du sang arabe ou sémite.

Or, si le peuple égyptien est reconnu parent de peuples dont l'histoire véritable ne remonte qu'à plusieurs siècles en deçà du déluge, ne serait-ce pas une preuve que la sienne se renferme dans les mêmes limites et ne va point se perdre dans la nuit d'une fabuleuse antiquité ?

Manéthon, le seul qui nous ait transmis la liste des dynasties égyptiennes, écrivait sous les Ptolémées, à une distance de quinze ou vingt siècles des faits qu'il racontait : devons-nous avoir une foi aveugle dans sa relation ?

Ah ! si la Bible présentait cette incohérence et ces ténèbres, sous quelle avalanche de sarcasmes et d'injures n'eût-elle pas été écrasée !

Mais lorsqu'il s'agit d'une histoire profane, on en aime jusqu'aux ombres, parce qu'on nourrit le secret espoir de donner, à l'aide de cette obscurité même, un démenti à la narration biblique. L'incertitude de l'une devient une arme contre l'authenticité de l'autre.

Ainsi, lors de l'expédition française en Égypte, on trouva à Esneh et à Denderah, trois zodiaques qui, d'après le calcul des savants, remontaient à une antiquité prodigieuse.

La Bible avait menti !

Grand émoi dans toute l'Europe. Mais Visconti, Letronne, Champollion examinent plus attentivement le côté archéologique des zodiaques et des temples où ils ont été trouvés : on acquiert la preuve qu'ils remontent tout au plus à Tibère et à Commode. Pour surcroît de certitude, M. Cailliaud, de Nantes, aujourd'hui conservateur du musée de cette ville, découvre dans une crypte de Thèbes une momie, avec un zodiaque parfaitement semblable à celui de Denderah. Par l'inscription tracée sur ce zodiaque on prouve qu'il se rapporte à un fils de Soter et de Cléopâtre, mort l'an 116 de notre ère (1).

(1) Comme astronomie, ces Zodiaques n'avaient aucune valeur. Ils n'étaient que l'histoire astrologique des personnages dont ils accompagnaient les momies.

Voilà donc la Bible tirée d'un fort mauvais pas.

En 1852, M. Emmanuel de Rougé, l'une des gloires contemporaines de l'égyptologie française, signale trois levers héliaques de *Sothis* ou *Syrius*, consignés dans trois calendriers trouvés, l'un sur un monument d'Éléphantine, l'autre dans un temple de Médinet-Abou, le troisième dans les syringes royales de Biban-el-Molouck.

M. Biot, le savant astronome, calcule la date de ces levers héliaques : il trouve les trois chiffres 1444, 1300 et 1240.

Rien dans ces dates qui soit de nature à effrayer la Bible.

Le plus ancien synchronisme reconnu par la science ne remonte pas au-delà de l'an 965 avant Jésus-Christ, époque à laquelle régnaient simultanément Roboam en Judée et Scheschanck (1) en Égypte.

Conclusion, monsieur : laissez la science accomplir son œuvre ; laissez les Lepsius, les Bunsen, les Hincks, les Emmanuel de Rougé, les Brugsch éclairer les ténèbres, ordonner le chaos. Le christianisme voit d'un

(1) Le Scheschak de l'Écriture.

œil calme toutes ces études, et la vraie religion ne s'effraie pas de la vraie science.

L'une, science divine, sert d'appui à sa sœur terrestre et la complète.

Fatiguée de ses recherches et plongeant un œil désespéré dans la profonde nuit des mystères qui l'environnent, si la science humaine perd courage et s'arrête au bord du chemin, sa sœur, la science divine, accourt à son aide et la soutient dans sa défaillance. Elle lui prête son flambeau ; elle soulève un pan du voile qui nous dérobe les secrets éternels, et dit :

— Lève les yeux, ma sœur ! Contemple les vérités que ton propre flambeau laissait dans l'ombre !

Ici monsieur, je répète, en la modifiant, une parole de celui qu'on a surnommé le *Docteur admirable :*

« Un peu de science éloigne de la religion, mais beaucoup de science y ramène. »

Tâchez d'être de la force..... et de l'avis de Roger Bacon.

DIX-NEUVIEME LETTRE.

XIX

Vous portez en vous deux hommes bien distincts et bien tranchés.

L'un, le Proudhon paradoxal, hasarde sur toutes choses les propositions les plus hardies, pour ne pas dire les plus extravagantes. Il semble avoir en horreur toute opinion reçue et s'applique à en prendre éternellement le contre-pied.

C'est le Proudhon paradoxal qui s'est permis d'e

crire : **La propriété, c'est le vol.** — *Dieu, c'est le mal.*
—*La Religion et la Justice sont incompatibles*, et autres axiomes de cet acabit.

L'autre Proudhon , que j'appellerai poliment le Proudhon sensé, montre plus de calme et plus de réserve.

Il laisse d'abord son camarade le sophiste émettre ses paradoxes ; puis tout doucement, sans bruit, à l'insu du premier Proudhon peut-être, il démolit pièce à pièce l'échafaudage si laborieusement élevé.

De cet antagonisme de votre esprit, de ce dualisme de votre intelligence naissent vos perpétuelles contradictions sur toutes choses.

Veuillez prêter l'oreille à ce que nous dit le Proudhon paradoxal :

« Une épopée chrétienne, après Virgile, ne pouvant être qu'un *travestissement*, moins que cela, un *anachronisme*, une littérature chrétienne ne pouvait être aussi, par la nature des choses, qu'un *rhabillage*. Personne, ni pendant le moyen âge, ni après la Renaissance, ni au dix-septième siècle, n'a cru à son *originalité*. Après la littérature des anciens, il n'y a d'au-

tre littérature que la littérature RÉVOLUTIONNAIRE. »
(Tome III — page 153.)

Je me frotte les yeux, et je me demande si par hasard je ne serais pas en état de rêve.

La littérature chrétienne un *travestissement* de l'é-
popée de Virgile! un *anachronisme*! un *rhabillage!*
une littérature à l'*originalité* de laquelle personne n'a
cru, ni pendant tout le moyen âge, ni après la Renaissance, ni même au dix-septième siècle, le plus grand
peut-être de tous les siècles littéraires !

Que répondre à tant d'ignorance ou à tant de mauvaise foi ?

Dois-je accumuler devant vous les mille noms d'é-
crivains de génie qui se pressent sous ma plume et qui,
répétés d'âge en âge par tous les échos de l'histoire,
sont autant de démentis formels à vos inqualifiables
assertions ? La *Divine Comédie* du Dante, travestissement ? Le *Paradis perdu*, de l'Homère britannique,
anachronisme? Les *Pensées* de Pascal, rhabillage?
Personne n'a cru à l'originalité des Pères de l'Église,
des Bossuet, des Racine, des Corneille, des Fénelon
et de tant d'autres qui seront l'éternel honneur de
l'esprit humain?

15.

Amour effréné du paradoxe, à quelles énormités peux-tu conduire !

Tout de suite et sans plus de retard, appelons-en du Proudhon paradoxal au Proudhon sensé.

Par la bouche de celui qu'on vient d'entendre vous déclarez, monsieur, que la littérature chrétienne est un anachronisme, un travestissement, un rhabillage, et qu'elle est dénuée de toute originalité.

Vous dites par la bouche du second :

« Personne ne contestera que nos prosateurs soient SANS RIVAUX. » (Tome III, page 157.)

— Et nos poëtes, monsieur Proudhon ?

— Nos poëtes aussi.

« ... On ne peut juger de la beauté des choses, si l'on ne connaît la raison des choses, et l'on va voir quelle *supériorité* l'application de ce principe assure au vers français sur le vers latin et le vers grec. La poésie hébraïque avait entrevu cette loi ; là est aussi le secret de la poésie française, ce qui fait *sa magnificence* et sa *force*... J'y vois la preuve de la supériorité de notre versification sur celle des anciens, etc. » (Tome III. pages 158 et 159.)

Ce n'est pas tout.

Afin de mieux démontrer cette *supériorité*, vous ci-
tez non pas un morceau de littérature *révolutionnaire*,
mais un passage de la tragédie sacrée d'*Athalie*.

Et voilà comment il se fait que notre prose et notre
poésie sont *sans rivales*, tout en n'étant que *travestissement, anachronisme, rhabillage*. Voilà comme quoi
nos poëtes et nos prosateurs sont tout à la fois *incom-
parables* et dénués d'*originalité*.

Cette manie de se contredire devient à la longue ex-
cessivement fatigante, et l'on est tenté de jeter le volume à la tête du Proudhon paradoxal, au risque de
faire une bosse au Proudhon sensé.

Ne nous livrons pas à cet acte de violence, et continuons de lire.

Après avoir insinué que la Révolution pourrait bien
être pour quelque chose dans le génie de Corneille et
de Racine, attendu que tout ce qui est beau, tout ce
qui est bien, tout ce qui est juste doit procéder de la
Révolution, vous dites :

« Le même génie qui a fait inventer aux modernes
l'algèbre, la géométrie analytique, le calcul différen-

tiel, la théorie de la lumière; qui a produit les chefs-
d'œuvre de Mozart, de Weber, de Rossini, et qui constitue *l'esprit juridique* de la Révolution a créé la mé-
trique de Corneille et de Racine. » (Tome III,
page 161.)

Je ne m'arrête pas à vous chicaner sur l'invention de
l'algèbre dont vous faites hommage aux modernes.

Si l'on en croit Colebrooke, infiniment plus versé
que vous dans la matière, cette invention doit être attribuée à Aryab-Hatta, savant mathématicien de l'Inde,
qui vivait au ve siècle de l'ère chrétienne, d'où elle
nous a été transmise par les Arabes, comme le prouve
son nom même, *Al-djaber.*

Ceci est un détail.

Mais quel assemblage de choses disparates nous pré-
sentez-vous, et quel rapport ont avec l'algèbre, avec
la géométrie analytique et avec le calcul différentiel
Rossini, Weber, Mozart, Corneille et Racine? *Phèdre*
ne serait-elle qu'une équation algébrique ou un bi-
nôme? *Polyeucte* un théorème de géométrie analytique? l'*Obéron* ou le *Freyschütz* un problème de calcul
différentiel? *Don Juan, Guillaume Tell* et la *Gazza-
ladra* une application de la théorie de la lumière? Ou

entendez-vous dire tout simplement que sciences et chefs- d'œuvre sont les fils du génie de l'homme?

Quelle admirable découverte!

Et, au milieu de tout cela, L'ESPRIT JURIDIQUE de la Révolution!

> Je ne m'attendais guère
> A la voir en cette affaire.

Vous avez voulu nous donner la preuve que vous saviez, au besoin, fabriquer une de ces sentences transcendantales, à la façon allemande, profondes jusqu'à l'obscurité, et dont le sens commun ne peut ni atteindre le fond ni percer les ténèbres. Pour moi, je confesse humblement que je n'y vois goutte.

Et vous, monsieur Proudhon? Je parle au Proudhon sensé.

Ne nous écartons pas des questions de littérature.

Après avoir porté aux nues un de nos poëtes les plus populaires et déclaré nettement que *trente ou quarante chansons de Béranger suffiraient à nous assurer la prééminence sur Horace, Pindare et David,* vous changez brusquement de langage et vous dites:

« Que Béranger ait passé les vingt dernières années

de sa longue existence à rimer une centaine de chansons *au-dessous du médiocre*, il en avait parfaitement le
droit, et nous sommes des sots de les lire ; que l'insi-
gnifiance de ses *Mémoires* soit poussée jusqu'au com-
mérage, est-ce sa faute si nous attendions de lui des
révélations? — Que son *chauvinisme* soit en 1857, *ce
qu'il était en* 1825, cela prouve tout juste que ce monde
a marché depuis trente-deux ans, et que Béranger est
resté ce qu'il était. — Qu'il s'en vienne ressasser, quand
l'histoire est ouverte, la postérité saisie, l'opposition
éteinte, de *stupides calomnies* contre les Bourbons, et
se croie par cela un grand citoyen, c'est une infirmité
d'esprit à porter au compte de la vieillesse. — Qu'il
demande pardon au lecteur des grivoiseries de son
jeune temps, je ne le trouve pas de mauvais exemple.
— Qu'il implore le *Dieu des bonnes gens*, le Dieu de
Jean-Jacques, le Dieu de Maximilien (!!), le Dieu d'Al-
phonse de Lamartine, après l'avoir si *drôlement* chan-
sonné, on n'en peut rien conclure, sinon que Béranger,
tout révolutionnaire et esprit fort qu'il se croyait, en-
tendait aussi peu la Révolution que la philosophie. —
Qu'au lieu de se lancer, comme tout l'y invitait, dans la
carrière politique, il ait arrangé sa petite vie, loin du
flux et du reflux de la popularité, des orages parlemen-

taires et des écueils du pouvoir, ménager de sa réputation, craignant sur toute chose de se compromettre,
désireux de ne se brouiller avec personne et de s'assurer un bel enterrement, il serait d'autant plus injuste, à mon avis, de l'en blâmer, qu'il se faisait justice,
et qu'en pareil cas tout individu doit être cru sur parole.

« ...... Béranger est-il *initiateur*, comme furent les
anciens lyriques, comme Homère, Virgile, Corneille,
Boileau, Molière, La Fontaine, Voltaire ? A-t-il le *concept*, l'*idée* ?

« A cette question je réponds sans hésiter : NON, Béranger n'a rien du poëte initiateur. Il ne connaît ni sa
route ni son étoile.

« Pour le style et les mœurs (je parle ici des mœurs
poëtiques), c'est simplement un disciple de Voltaire et
de Parny. Aucune qualité propre ne le distingue, si ce
n'est peut-être la *fatigue* et l'*obscurité trop fréquente*
de ses vers. Ses plaisanteries et sa gaudriole sont, en
général, puisées à deux sources suspectes, l'*obscénité*
et l'IMPIÉTÉ (!!).

« Pour le fond, il n'a pas plus d'invention et d'initiative. Il chante l'amour grivois, et rétrograde de
Rousseau à Brantôme et à Boccace.

« Que fait-il en 1810 et 1811 ? Chante-t-il la liberté et

la République ? Non : il est tout entier à Comus, à Bacchus et à Vénus.

« Que fait-il de 1812 à 1815, quand la France est écrasée sous les désastres ? Il **chante** des gaudrioles.

« Béranger montre-t-il une intelligence véritable du mouvement historique, des passions de son époque, du droit de l'avenir de la Révolution ? Il n'en est rien. Béranger a si peu le secret des choses, que c'est à son ignorance qu'il a dû son succès.

« La Révolution est demeurée pour Béranger un mythe. Sous tous les rapports, sa pensée est courte, défectueuse, arriérée, *contradictoire* (!!!). La preuve, c'est qu'il a beaucoup perdu de sa réalité. Dans trente ans, la *plupart de ses chansons n'auront plus de valeur.* Il est mort déiste. Comme Rousseau, il fut un agitateur en qui la passion débordait la conscience. Il a fait baisser le sens moral et il a dérouté le sens politique. » (Tome III, page 182 et suivantes.)

La citation est longue.

Mais elle était nécessaire pour montrer que, de temps à autre, les deux Proudhon se rejoignent. On peut même dire que, dans ces trois pages, le Proudhon sensé est répandu à forte dose.

Résumons le portrait littéraire, l'autre ne devant pas nous occuper ici.

Absence d'initiative, de *concept* et d'*idée;* pour toute qualité de style, *obscurité* et *fatigue;* plaisanteries puisées aux deux *sources suspectes* de l'OBSCÉNITÉ et de l'IMPIÉTÉ. Nulle *invention* au fond; *inintelligence* du mouvement historique et des passions de son temps; pensée *courte, défectueuse,* CONTRADICTOIRE...

Quelle conclusion va tirer de ceci le Proudhon paradoxal? Écoutez:

« Béranger n'en reste pas moins le premier poëte français du XIXᵉ siècle. Ses chansons n'en sont pas moins supérieures aux hymnes de Pindare et aux psaumes de David. »

A la bonne heure!

Cela veut dire, monsieur, que vous avez un profond dédain pour David et pour Pindare, puisque vous les mettez au-dessous d'un homme tel que vous venez de le peindre.

Le *disciple de Parny* supérieur à David!

La chanson des *Gueux* supérieure au psaume *Laudate!*

Nous ne sommes pas au bout. Écoutez encore.

« Grâce au ciel, le lyrisme n'est pas de notre littérature. Comme la poésie épique, il appartient aux époques religieuses ; il tombe, lorsque s'ouvre l'âge révolutionnaire. Je l'ai dit : Nous SOMMES CHANSONNIERS. » (Tome III, page 165.)

Ah ! monsieur, si la valeur, si la beauté des choses se mesure à l'élévation de leur idéal et de la forme qu'il revêt, la distance qui sépare la Révolution de la Religion est immense !

L'une porte en haut ses regards et ses aspirations dans un élan sublime ; — l'autre, les yeux et le cœur attachés à la fange, entonne un refrain trivial.

Celle-ci chante les perfections du Dieu du ciel et de la terre ; — celle-là chante le dieu de l'amour ou du vin.

Voyez notre symbole, c'est la harpe ou la lyre ; regardez le vôtre, c'est le galoubet.

Notre Dieu se nomme Jévovah, le vôtre se nomme Momus.

A nous l'ode, — à vous la chanson.

La chanson est signé BÉRANGER, l'ode est signée DAVID.

VINGTIEME LETTRE.

XX

J'arrive à votre *Etude sur le mariage*, et je me demande si je dois descendre avec vous dans ce cloaque d'ignominie, dans ce torrent d'immoralité qui roule de la première page à la dernière ses paradoxes immondes.

Comment toucher à ces pages révoltantes sans risquer de salir ma plume ?

Essayons néanmoins.

Dans l'intérêt de la salubrité intellectuelle, il faut bien que je me résigne à balayer les immondices de votre doctrine.

L'*Etude sur le mariage* précède l'*Etude sur la Femme*, et vous avez l'aplomb de nous donner ce pudique avertissement :

« Je prie le lecteur d'avoir égard à la *contrainte* où me réduit l'*usage* et de *suppléer de son mieux* à la MODESTIE de mes paroles. » (Tome III, page 238.)

Cette modestie est telle que, Rabelais à part, il ne m'est jamais tombé sous les yeux chapitres plus orduriers, style où les mots fussent plus crûs, plus audacieux dans leur cynisme, et où, contrairement au précepte de Boileau, le Francais fût moins respecté.

Si c'est là votre modestie, quelle est donc votre licence ?

Il faut vous l'apprendre, époux chrétiens : le mariage est fondé sur la *corruption* et sur l'*iniquité*. Vous êtes des *sacriléges* et des *adultères*. Adultère, la femme qui partage son amour entre Dieu et son mari ! adultère, le mari qui partage son amour entre Dieu et sa femme !

Jamais l'insolence des mots et le mensonge des idées n'ont été plus loin.

En votre qualité de père de la Justice, monsieur, vous jetez à la face du christianisme les turpitudes pornographiques d'une George Sand, de cette femme que vous appelez, non sans quelque raison, je l'avoue, une *bacchante révoltée*. George Sand a été *dévote*, en effet; mais elle a depuis longtemps cessé de l'être, et vous le savez mieux que personne.

Après avoir cité un long passage de *Lélia*, palpitant d'une coupable et âcre volupté, vous dites :

« Reconnaissez-vous à cet agaçant parlage, tout rempli de *ciel*, de *Dieu*, d'*anges*, d'*extases*, de *mystères sacrés*, de *nature*, de *pudeur*, reconnaissez-vous le style de vos mystiques? » (Page 333.)

Quoi! monsieur, parce qu'il a plu à la corruption d'une émancipée de la philosophie d'emprunter, en la profanant, la langue des mystiques chrétiens, votre logique en conclut que mystiques et romancier, apôtres de l'amour divin et apôtre de l'amour profane, apôtres de la chasteté et apôtre de l'adultère, sont également condamnables et doivent être l'objet d'une égale réprobation!

Ne parlent-ils pas tous de *ciel*, de *mystère*, de *pudeur ?* Oui, comme parlent de Dieu celui qui l'adore et celui qui blasphème.

Il n'est pas jusqu'à l'*Imitation*, ce livre à l'origine mystérieuse qu'on a appelé un second Évangile, ce chef-d'œuvre d'élévation pieuse, de profondeur psychologique, devant lequel se sont inclinés croyants et incrédules, catholiques et dissidents ; cette source d'eau vive où tant d'âmes ulcérées sont venues et viennent encore se rafraîchir ; ce livre réconfortant auquel tant de cœurs affligés et abattus demandent consolation et courage, — il n'est pas jusqu'à l'*Imitation* qui ne reçoive de votre plume sa part de boue.

L'*Imitation* n'avait-elle pas eu déjà l'honneur d'être insultée par M. Eugène Pelletan ? Cet écrivain l'appelle le LIVRE DE LA MORT, mot heureux que le *Siècle* se hâta de ramasser et d'enchâsser comme une perle dans ses colonnes.

Renchérissant sur le *Siècle* et sur M. Pelletan, vous proclamez l'*Imitation* un livre CORRUPTEUR des mœurs !

Ce livre parle sans cesse de l'amour de Dieu : c'est trop pour la pudeur de Jean-Pierre Proudhon, et il se voile chastement la face du revers de sa plume !

Votre pudeur est d'une admirable délicatesse, monsieur.

Plus loin, elle s'indigne de voir la *Religion* permettre aux veuves de contracter de nouveaux liens. Elle reproche au christianisme d'avoir *jeté la prostituée aux gémonies et de lui avoir infligé un degré de plus d'avilissement* (page 307), au lieu de l'introduire dans le temple et d'en faire une prêtresse de la Religion, ainsi qu'avait fait le paganisme, *dans son sentiment* naïf et profond de *la dignité de la femme.* (Page 225.)

« Le christianisme, s'écrie votre pudeur, a déshonoré le culte de Vénus! »

Jugez du crime.

Aussi paradoxale que votre logique, pour le moins, cette pudeur bizarre souille et flétrit tout ce qu'elle approche. Elle ouvre l'Évangile à ce passage : « Dans le ciel, il n'y a ni époux, ni épouses ; tous sont comme des anges devant la face de Dieu..... » , — et qu'y découvre-t-elle?

Des infamies dignes de Sodome.

Jamais le sophisme et la haine ne s'étaient élevés à ce degré d'audace impie.

Ô vous, cœurs chastes, âmes timides, qui tremblez

de salir votre candeur au contact de la fange d'ici-
bas, et que la virginité radieuse emporte sur ses
blanches ailes au sommet des aspirations célestes;
vous qui, semblables à des colombes, vous envolez
loin de ce monde corrompu, vers la source de toute
pureté; vous qui brisez les chaînes de l'amour humain
pour vous fiancer à Dieu, prenez garde !

M. Proudhon déclare que l'amour de Dieu est le
chemin de la corruption. C'est la *corruption même*,
c'est un *érotisme mystique*, et *sainte Thérèse est la
sœur de Ninon de Lenclos*.

Voilà dans quel abîme d'aberration tombe une intelligence supérieure, **dévoyée par la haine** et par le
sophisme.

Chose infâme ! vous ne vous arrêtez même pas,
monsieur, devant le caractère sublime de la sœur de
charité. Vous jetez de la boue au front de cet ange
terrestre; il sert de point de mire à vos injures, et vous
lui infligez une comparaison ignominieuse avec les
compagnonnes des soldats de la Retraite des dix mille.

Selon vous, la palme du dévouement doit être dé-
cernée aux aventurières grecques.

Et c'est à propos de la guerre de Crimée que vous

avez l'indécence d'établir un tel parallèle, quand l'Europe entière a été témoin des vertus héroïques des filles de Vincent de Paul.

Je vous plains sincèrement, monsieur.

Ne craignez-vous pas, en jetant ainsi à pleines mains l'opprobre à la femme chrétienne, que les éclaboussures ne rejaillissent jusque sur la tombe de votre mère?

Avez-vous à signaler un fait impur, une histoire de honte, vous ajoutez :

« Voilà le bouquet de l'amour chrétien, la fleur de notre chevalerie ! »

Quand on parcourt ces pages abominables ; quand on voit un homme assez audacieux pour instruire le procès du christianisme, au nom de la justice dont il se proclame le père ; quand on voit cet homme confondre sciemment le bien et le mal, appuyer son réquisitoire contre la religion sur des faits que la religion a condamnés avant lui et plus hautement que lui ; quand il ose mettre sur le compte des principes chrétiens les fautes commises contre ces mêmes principes ; quand il a l'impudeur d'appeler christianisme ce qui en est la négation : quand, après avoir décrit la débauche insolente, ignoble, il s'écrie : « Voilà le bouquet de l'amour chrétien ! » — Ce n'est plus de l'indignation qu'on éprouve, c'est du dégoût.

Si j'osais vous suivre dans les thèses ordurières que vous soulevez, que de contradictions flagrantes ne releverais-je pas encore !

Ici, comme partout, vous professez le pour et le contre sur chaque question capitale.

« Le polythéisme, dites-vous, avec ses dieux mâles et femelles, couplés, mariés, l'un de l'autre engendrés, avait *idéalisé* la famille et le mariage. Il avait fait du mariage le sommet de l'édifice de justice et d'honneur auquel il conviait toutes les races humaines, toutes les conditions sociales. » (Page 296.)

« En fait, dites-vous ailleurs, la chasteté fut médiocrement comprise des anciens. »

Si la chasteté fut si *peu comprise* des anciens, comment, chez ces mêmes anciens, le mariage était-il le *sommet de l'édifice de justice et d'honneur ?*

O le bel *idéal* du mariage et de la famille que le ménage de Jupiter et de Junon, de Vulcain et de Vénus !

Mais nous avons mieux encore :

« Le mariage est avant tout un acte religieux, un sacrement ; je dirai même, sauf explications, qu'*il n'est pas autre chose que cela.* » (Page 212.)

Et nous lisons, page 290 :

« Le mariage religieux seul est un sacrilége. »

Si le mariage ne peut pas *être autre chose* qu'un acte religieux, comment le mariage religieux seul est-il un *sacrilége ?*

On scrute, on se met l'esprit à la torture, on veut trouver un sens, vains efforts ! Il ne reste que la contradiction poussée jusqu'à la folie.

Autre exemple :

« Comparée à la théorie romaine, la théorie chrétienne du mariage fut un *pas rétrograde.* » (Page 262.)

Et, page 297 :

« Au fond, tandis que le polythéisme, en instituant le mariage, s'était borné à appeler la justice au secours de l'amour, le christianisme, *faisant un pas de plus,* prononça la subordination de l'amour à la justice et, en cela, *servit le progrès.* »

Ce qui signifie que le christianisme fit faire à l'institution du mariage, tout à la fois un pas en avant et

un pas en arrière, qu'il là fit en même temps progres-
ser et rétrograder.

O prodigieux logicien !

Vous dites à la page 323 de votre deuxième volume,
émaillé comme le troisième de magnifiques horreurs :

« C'est moi qui possède le véritable Évangile, les
paroles de la vérité. »

Si par *Évangile* vous entendez sophisme, si par vérité vous entendez contradiction, nous sommes tout à
fait d'accord.

Mais arrivons à un fait horrible, à un acte d'insigne
injustice dont vous fûtes autrefois victime, et qui jus-
tifie de reste la haine profonde que vous avez vouée
au catholicisme.

Lecteurs, prêtez l'oreille et frémissez !

« Un jour de Fête-Dieu, raconte M. Proudhon, c'é-
tait procession dans mon village. La jeunesse de *qualité*, poudrée, frisée, revêtue d'aubes éblouissantes,
ceinte de ceintures d'argent et d'or, balançait l'encensoir.

« Moi, humble enfant du peuple, je portais le réchaud.

« A quoi pensais-je de m'imaginer que les chrétiens fussent égaux devant le Saint-Sacrement? »

Certes, monsieur, je comprends votre colère et votre juste rancune. Bien évidemment, une religion capable de vous refuser l'encensoir et de ne vous confier que le réchaud est une religion digne de toute votre haine et de tout votre mépris.

Que serait-il arrivé, si, au lieu du réchaud, vous eussiez porté l'encensoir? A cette même religion que vous couvrez aujourd'hui d'injures, vous eussiez voué peut-être un respect sans bornes, et vous lui offririez l'encens de vos louanges. C'est là un fait bien mince, bien insignifiant, et qui, grâce aux proportions que vous lui donnez, vous peint mieux que les huit cents feuillets de vos trois volumes, en tête desquels vous écrivez comme épigraphe ces paroles du psalmiste :

Misericordia et veritas obviaverunt sibi; Justitia et pax osculatæ sunt.

Allons donc, monsieur ! changez cela bien vite, et mettez à la place :

Invidia et superbia obviaverunt sibi; mendacium et conclusio fallax osculatæ sunt.

L'envie et l'orgueil se sont rencontrés sur vos pa-

ges ; le mensonge et le sophisme s'y embrassent fra-
ternellement.

Qu'êtes-vous ?

Que n'êtes-vous pas ?

A quoi croyez-vous ?

A quoi ne croyez-vous pas ?

Etes-vous théiste ? Oui, car c'est vous qui avez dit :
« Je pense à Dieu depuis que j'existe. »

Etes-vous athée ? Oui encore, car vous avez dit également : « Si Dieu est quelque chose, il est homme.
C'est l'absolu créé, conçu par l'homme, une conception de l'homme personnifiée en dehors de l'homme. »
(Tome II, page 297.)

Croyez-vous à l'existence de l'âme ?

Oui, car vous ne cessez de parler de l'âme et de ses
facultés.

Non, car vous avez écrit ces mots quelque part :
« L'âme est une fiction de la pensée. »

Croyez-vous à la compatibilité de la Justice et de la
Religion ?

Oui, car vous avez dit : « La Religion est la première manifestation de la justice. »

Non, car vous avez dit ailleurs : « La religion et la justice sont incompatibles. »

Mais à quoi bon reproduire l'interminable série de vos sophismes et de vos contradictions ?

Qu'êtes-vous encore ?

Vous répondez fièrement :

« — Je suis sans-culotte ! »

Tome III, page 490, on trouve la magnifique profession de foi qui va suivre :

« Le sans-culotte, cette étrange création de la Révolution, que Robespierre a guillotiné et qu'on n'a pas revu depuis, était, comme votre serviteur, pauvre, *mécontent de l'état social*, jamais rassasié de liberté. Il adorait de tout son cœur et de toute son âme la *Raison*, affirmait la moralité propre de l'homme, l'immanence de la justice... — Je suis donc sans-culotte : il y a longtemps qu'en cherchant ma tradition dans l'histoire je m'en suis aperçu. Je suis héritier de Clootz, de Momoro, de Roux, de Varlet, de *Chaumette*, d'Hébert, de MARAT, car il faut les nommer tous, et je n'ai pas le droit de choisir mes AIEUX. »

Pardon ! noble révolutionnaire, vous en oubliez un.

Votre amour filial doit compléter cette liste par le nom de Saint-Just, du jeune et pâle Rhadamanthe des enfers et de la terreur. Saint-Just *n'adorait*-il pas aussi la Raison *de tout son cœur et de toute son âme*? N'affirmait-il pas *la moralité propre de l'homme* et *l'immanence de la Justice?*

Saint-Just aussi était un grand logicien.

Chacun de ses raisonnements avait une conclusion unique, mais tranchante : LA GUILLOTINE.

Quelle lumière à la fois éclatante et lugubre ne projette pas sur tout le reste ce dernier passage de votre livre !

Grâce à vos aveux et à vos sinistres forfanteries, il est impossible de se méprendre sur l'origine et sur la portée de vos doctrines. Pour toute réfutation j'aurais pu me borner à citer les étranges paroles qu'on vient d'entendre : elles suffisent pour exciter contre vous la réprobation de tout ce qui est honnête.

Je n'ai fait, d'un bout à l'autre de ce livre, que tourner dans le cercle vicieux d'un malentendu.

Votre langue n'est pas la mienne, elle n'est pas celle du reste des hommes. La Raison que les sans-culottes vos aïeux *adoraient de tout leur cœur et de toute leur âme* n'est pas notre raison à nous, la raison universelle ; la *moralité propre de l'homme*, qu'ils affirmaient, n'est pas notre moralité.

Leur Raison n'était qu'une prostituée, comme le symbole sous lequel ils l'adoraient ; leur moralité était celle des Tibère, des Néron, des Caracalla.

Non, monsieur, non, la justice qui eut pour parrains les sans-culottes, ces monstres dont les crimes épouvanteront jusqu'au dernier jour du monde toutes les mémoires et toutes les consciences, la justice des bourreaux de 93 n'est pas notre justice ; nous la repoussons comme un opprobre.

Justice de Chaumette, l'inventeur des fêtes de la Raison, le proconsul de la Commune :

Justice d'Hébert, ce misérable auteur des calomnies forgées contre Marie-Antoinette, imputations infâmes, que la noble et infortunée mère foudroya d'une si sublime réponse ;

Justice d'Anacharsis Clootz, l'absurde *Orateur du genre humain* ;

Justice de **Momoro**, de **Roux**, de **Varlet**, Séjans impurs de Tibères de bas étage ;

Justice de **MARAT !** — le promoteur du tribunal révolutionnaire et de la loi des suspects, — de Marat, cet autre Caïus César, ivre de démence et de cruauté, qui souhaitait que la France n'eût qu'une tête pour la trancher d'un seul coup, — de Marat, cette hyène altérée de sang, ce chacal repu de cadavres, — de Marat, dont les ignominieuses dépouilles, portées au Panthéon dans un jour de délire, en furent arrachées ensuite et traînées aux Gémonies, — de Marat, dont le nom, cloué au pilori de l'histoire, sera l'objet de l'éternelle aversion, de l'éternel dégoût de l'humanité, — cette justice-là n'est pas notre justice, la justice chrétienne. la justice reconnue par la conscience humaine, la justice saluée par tous les siècles et par tous les peuples !

Nous finissons par être d'accord avec vous, monsieur, et par dire, à propos de la justice de Marat, de la vôtre, de celle dont vous vous proclamez le père :

LA JUSTICE ET LA RELIGION SONT INCOMPATIBLES.

FIN.

LETTRES D'UN BIOGRAPHE

(HISTOIRE ANCIENNE.)

I

AUX BOURSICOTIERS.

Paris, 26 janvier 1857.

Avec des hommes de votre espèce, messieurs, je n'ai pas l'intention d'être parlementaire. Il arrive trop souvent dans le discours qu'on accorde à des faquins une apparence de considération et d'estime qui les encourage à ne point changer de conduite. C'est un tort. Je suis de l'avis de ceux qui appellent un chat un chat et Rollet un millionnaire.

Donc, je vous appelle *boursicotiers*, puisque le mépris public vous donne ce nom. Je ne me borne pas à l'emprunt du mot, je partage le sentiment.

Il ne s'agit pas ici de vous confondre avec le spéculateur loyal qui demande à ses capitaux, sous le patronage et sous la garantie de l'État, ce que ses capitaux peuvent produire. Entre cet homme et vous, il y a toute la distance qui sépare le gain légitime de la fraude, le droit de l'abus, la probité qu'on respecte du vol qu'on flétrit.

Qui êtes-vous, messieurs? d'où sortez-vous?

Le scandale est au comble.

Vous êtes les derniers disciples de cette coupable philosophie de la matière qui, dans ce malheureux siècle, a voulu propager ses doctrines. Repoussés avec perte sur le terrain de l'envahissement et de la spoliation violente, vous cherchez à atteindre le même but sous un déguisement qui ne trompe personne. A la violence succède la ruse. Le chef de voleurs devient filou. Mais c'est toujours le même individu, c'est toujours le même péril; vous prenez toujours, messieurs, ce qui ne vous appartient pas.

Amateurs intrépides du bien d'autrui, vous vous

l'attribuez par cette multitude inconcevable de tours
d'escrocs, que n'ont point prévus les lois oublieuses.

A part quelques joueurs heureux que le hasard place
du bon côté de la bascule, c'est-à-dire du vôtre, tout
le reste tombe dans la toile d'araignée de vos intrigues.
Et de nouveaux millions s'entassent dans vos coffres,
et le rayonnement de votre fortune insolente attire
chaque jour de nouvelles mouches du fond de nos
provinces les plus lointaines.

L'argent appelle l'argent, comme l'abîme appelle
l'abîme.

Chez vous la force est du côté des gros bataillons ;
ce n'est pas comme à la guerre, où le courage et l'in-
trépidité triomphent du nombre. Plus vous avez d'écus
à mettre sur un des plateaux de la balance, plus vous
êtes certains d'emporter l'autre plateau.

Joueurs sans vergogne, vous avez soin de prendre
les atouts avant d'entamer la partie ; vous dépouillez
votre adversaire à coup sûr avec des cartes biseautées.
Dans tous les pays du monde, — et pour continuer
d'appeler les choses par leur nom, messieurs, — ceci
se nomme un vol.

Quant aux victimes, peu vous importe qu'elles périssent de misère, ou que le gouffre du suicide se referme sur elles.

Après la lutte vous ne comptez pas les morts.

Tant mieux s'il y en a beaucoup sur le champ de bataille ; cela vous donne une plus grande masse de pâture.

On vous divise en boursicotiers-vautours et en boursicotiers-corbeaux. Si vous ne le savez pas, je vous l'apprends. Les boursicotiers-vautours prennent la part du lion ; les boursicotiers-corbeaux viennent derrière eux chercher ce qui reste d'or et de charogne.

Tous les matins, avant l'ouverture de la Bourse, et tous les soirs, après la fermeture, on rencontre ces derniers le long du boulevard des Italiens, qu'ils encombrent de leur horde noire et croassante.

Ils opèrent sur le trottoir, absolument comme les voleurs à la tire et comme les filles publiques.

Souvent un de ces corbeaux voit tout à coup son bec grossier et ses ailes s'étendre ; il a rencontré une proie financière, aux flancs de laquelle il s'est engraissé de telle sorte, qu'il devient vautour. Aussitôt les millions s'accrochent d'eux-mêmes aux serres de

imal.

Paris trouve un boursicotier de moins sur le trottoir, et un gredin de plus en carrosse.

Le pays est fatigué du spectacle immoral que vous lui donnez chaque jour, et je demande pour ma part qu'on vous envoie tripoter hors barrière, loin de nos yeux, à Bondy ou à Montfaucon. C'est là qu'on expédie toutes les choses malsaines. Il serait à désirer qu'une main ferme et puissante écrivît ces mots au frontispice de la Bourse :

« FERMÉE POUR CAUSE DE SALUBRITÉ PUBLIQUE. »

Je vous dis au revoir, messieurs, mais je ne vous salue pas.

II

A M. ALEXANDRE DUMAS FILS.

Paris, 16 février 1857.

Je vous apporte un peu tard mon tribut d'éloges ; mais, dussiez-vous en être scandalisé, je n'ai vu la *Question d'argent* qu'hier au soir, c'est-à-dire à la seizième représentation.

Que voulez-vous, monsieur ? je mène une existence de bénédictin. Sans cesse au travail, je ne coudoie ni le monde, ni les hommes, ni les choses. Je me borne, en écrivant, et d'une page à l'autre, à écouter le bruit de la vie parisienne. Tout m'arrive en échos au fond de ma retraite. Peut-être est-ce le moyen de mieux comprendre et de mieux juger? Le calme a ses avantages comme le tumulte a ses inconvénients.

Hier donc, j'ai pris ma stalle d'orchestre au Gymnase.

Les comptes rendus de ces messieurs du haut journalisme m'avaient donné beaucoup à réfléchir. Dans leurs analyses perce un méchant vouloir. Ils n'osent pas, en présence d'un succès incontestable, annoncer une chute et déclarer absolument la comédie mauvaise; mais ils se livrent à une foule d'insinuations malveillantes ou de commentaires malsains, qui me prouvent à moi que, derrière eux, manœuvrent sourdement les hommes que vous avez flagellés.

Ah! monsieur, j'ai l'œil fin : prenez garde !

Ou plutôt, non. Laissez le goût littéraire et le bon sens des spectateurs réduire à néant les articles soudoyés, les plates intrigues. Jadis, en prodiguant l'or, les juifs ont pu faire à la main le succès de mademoiselle Félix ; mais un système analogue ne détruira point votre succès. Il se peut que le public, par inadvertance ou par caprice, ait permis, un jour, à Israël de bâtir sur le sable un monument sans durée ; mais il ne lui prêtera jamais son bras pour une injuste démolition. Soyez sans crainte. En France, les mœurs judaïques ne sont pas les mœurs nationales.

Tout le monde aujourd'hui connaît votre œuvre. Ceux qui n'ont pas eu le bonheur de la voir interpréter par les artistes du théâtre Bonne-Nouvelle peuvent acheter la brochure et la lire. Je me borne donc à rendre compte de mes impressions.

Personne ne me soupçonnera de partialité ; car, malheureusement, monsieur, le hasard des batailles littéraires nous a faits ennemis. J'ai dû critiquer sévèrement un homme que la voix du sang vous ordonnait de défendre quand même. C'est une raison de plus pour moi de vous rendre justice, dès que vous marchez vers un autre but, en dehors du sentier paternel, et qu'il est impossible de vous refuser le nom de littérateur honnête.

La comédie du Gymnase est pleine de mots charmants, tombés de votre plume, sans recherche comme sans effort.

Sur un canevas léger, presque nul, votre esprit dé-

licat brode une foule de gracieuses arabesques, toutes
dans le goût moderne, toutes à la mode du jour.

Vous êtes de pied en cap un écrivain de votre siècle,
monsieur. J'admire en vous le peintre de mœurs par
excellence. Prenant l'actualité sur votre palette, vous
dessinez le tableau d'une main ferme; vous distribuez
habilement la couleur et les ombres, sans jamais vous
tromper de nuances. Où avez-vous pris, si jeune, ce
merveilleux talent d'observation, cette justesse de coup
d'œil qui vous fait saisir toutes les faces saillantes d'un
caractère, toute la vérité d'un sentiment, toute la profondeur d'une plaie sociale? Ah! vous êtes heureusement doué, monsieur!

Les jaloux ne vous le pardonnent pas, et, comme
vous le dites si bien : « Quand on a du bonheur en ce
monde, il semble toujours qu'on le prend à quelqu'un.»

Mais ne vous occupez ni des jalousies absurdes, ni
des inimitiés sournoises.

A présent, grâce à vous, les hommes de Bourse ont
sur le front un triple cachet d'opprobre. Ils se trouvent résumés en masse dans votre Jean Giraud,
comme le furent jadis dans l'Harpagon de Molière
tous les avares du globe. Le coup de fouet a laissé la
marque, et cette marque ne s'effacera plus.

Oh! que vous avez merveilleusement placé dans la septième scène du deuxième acte le mot célèbre de Girardin : « Les affaires, c'est l'argent des autres ! » Et votre *conscription civile*, quelle satire adorable et neuve du désœuvrement social de certains hommes !

« C'est une conscription dont j'ai eu l'idée et qui est la chose du monde la plus simple. Elle servirait de pendant à la conscription militaire, et pourrait même la remplacer, car il est probable que, dans un temps donné, tous les peuples seront unis par les intérêts, les arts, le commerce, l'industrie, et que la guerre disparaîtra du monde. Alors la société ne demandera plus aux hommes que le tribut de leurs capacités intellectuelles. Quand un homme aura vingt et un ans, l'Etat viendra le trouver et lui dira : « Monsieur, quelle carrière avez-vous embrassée? que faites-vous pour les autres hommes? — Rien, monsieur. — Ah!... voulez-vous travailler? — Non, monsieur, je ne veux rien faire. — Très bien; vous avez donc une fortune! — Oui, monsieur. — Eh bien, monsieur, vous êtes libre de ne pas travailler, mais alors il faut prendre un remplaçant. Vous allez nous donner tant par an pour que des gens qui n'ont pas de fortune travaillent pour vous, et nous allons vous délivrer une carte de paresse, avec laquelle vous pourrez circuler librement. »

Votre *conscription civile* sera quelque jour en vigueur, monsieur, je vous le prédis.

Rarement, au théâtre, j'ai vu de scène mieux conduite que votre scène du contrat de mariage, au moment où l'homme de Bourse annonce à Elisa de Roncourt, sa future, qu'il lui reconnaît en dot un million.

La scène qui suit, entre l'honnête Charzay et Jean Giraud, est d'une force aussi grande.

Vous avez mêlé dans tout cela du sentiment et des larmes. A côté de l'infamie se trouve l'honneur; à côté du vice ignoble et de la spéculation dégradante, rayonnent la vertu, la délicatesse, le désintéressement. On sort l'âme contente, le cœur soulagé, l'esprit en repos, avec la résolution ferme de ne jamais acquérir la fortune par les manœuvres odieuses des Jean Giraud de l'époque.

Bref, monsieur, votre pièce est plus qu'un chef-d'œuvre, c'est une bonne action.

D'un seul coup vous fermez la bouche à ces Aristarques envieux et pleins de déloyauté, qui s'en allaient disant : Oui, sans doute, c'est fort bien *la Dame aux Camélias !* Nous avouons que *Diane de Lys* est une charmante pièce, et *le Demi-Monde* a son mérite ; mais, voyez, c'est toujours la même noté ! Alexandre Dumas fils n'a qu'une corde. Sortez-le des boudoirs de la rue Bréda, priez-le de mettre en scène autre chose que des femmes entretenues, il ne saura plus que dire. L'auteur du *Demi-Monde* n'a qu'un demi-talent. »

Dieu merci, voilà cette absurde sentence cassée par le public.

Vous avez choisi, monsieur, pour répondre à ces mauvais juges, un sujet difficile, déclaré presque impossible au théâtre, et devant lequel échoua Balzac lui-même. Vous l'avez traité d'une façon magistrale, avec bonheur, et, j'ose le dire, avec génie.

Le *castigat ridendo mores* a bien été, cette fois, la devise adoptée par votre plume.

III

A M. JULES-ISAAC MIRÈS.

Paris, 23 février 1857.

Vous pouvez vous flatter, monsieur, de faire tomber des nues votre serviteur, et de plonger la France dans une indicible surprise. Miséricorde ! il y a donc une plume derrière votre lingot ! Dorénavant il faudra vous reconnaître, non-seulement pour un millionnaire, mais encore pour un écrivain. Peste ! voilà qui est dur. Enfin, passons là-dessus.

Ne trouvez-vous pas bien extraordinaire que nous

ayons eu, le même jour, à la même heure, sans nous
entendre, l'idée d'écrire à M. Alexandre Dumas fils, et
de lui écrire surtout d'une façon si différente?

Je fais l'éloge de sa pièce, et vous la critiquez.

Un de nous deux a tort, bien évidemment. Est-ce
vous? est-ce moi? Tirons la chose au clair.

Vous trouvez, monsieur, que l'auteur de la *Question
d'Argent* passe à côté du sujet. Selon vous, M. Dumas
fils n'a pas assez porté son investigation sur cette
force immense qu'on appelle le capital. Vous lui re-
prochez de condamner aveuglément cette force, et vous
affirmez qu'il a tort «d'attirer l'animadversion publique
sur la personnalité chimérique d'un fripon de théâtre. »

Ce sont vos propres paroles.

Ah! monsieur, que *chimérique* est bien trouvé ! *Fripon de théâtre* me semble également une expression
très-heureuse.

Vous ajoutez que le moment est mal choisi pour des
attaques de ce genre. Le capital, dites-vous, a besoin
d'un marché, et la Bourse n'est rien autre chose que le
marché des capitaux, marché nécessaire, marché qu'il
faut maintenir, quand bien même « de grandes fortunes, élevées sur des malheurs individuels, donne-

raient exceptionnellement raison à l'auteur de la pièce du Gymnase. »

Ce sont toujours vos propres paroles.

Exceptionnellement raison vaut *chimérique* et *fripon de théâtre.*

Bref, par des exemples tirés de l'Angleterre, de Tyr, de Carthage, vous célébrez les bienfaits du capital agglomeré au point de vue du commerce et de l'industrie, et vous déclarez que « le rôle de l'argent est de créer la richesse au profit des peuples. »

Au profit des peuples est une quatrième expression d'un rare bonheur.

Qui donc, s'il vous plaît, voulez-vous tromper ici, monsieur? Personne ne vous conteste ni le droit du capital ni ses avantages. On est d'accord avec vous sur la Bourse. Elle doit être un MARCHÉ, oui, sans doute, mais non pas une CAVERNE.

Faites-nous grâce de votre éloge commercial à propos de l'Angleterre : nous ne voulons ni de ses mœurs exclusivement marchandes, ni de son esprit d'envahissement, ni de cette plaie immonde du paupérisme qui la ronge. Que diable nous parlez-vous de Tyr et de

Carthage? A Tyr et à Carthage, on ne jouait pas à la Bourse, monsieur. Il n'y avait pas là de Jean Giraud. Revenons en France.

Ah ! vous trouvez ce type de Jean Giraud *chiméri-que?...* Ah ! ah ! Soyez donc assez aimable pour jeter un coup d'œil autour de vous. Bien certainement vous ne tarderez pas à changer d'opinion.

Chimérique, monsieur, par exemple ! Est-il possible que vous n'ayez pas rencontré sur votre route un de ces personnages, si communs de nos jours, dont la fortune beaucoup trop rapide fait scandale ; maroufles éhontés, que nous avons connus sans bottes, et qui manipulent aujourd'hui des milions ? Je ne dis pas cela pour vous, Dieu m'en préserve !

Les de Cayolle, c'est-à-dire les industriels honnêtes, sont rares ; n'importe, je vous autorise à vous procla-mer un de Cayolle. Abritez-vous carrément sous cet autre type, créé par M. Dumas fils. Nous raisonnerons mieux,

Mais nier l'existence des Jean Giraud ; mais insinuer que les *fripons* de ce genre n'existent qu'au *théâtre*, quand la société moderne en regorge, quand ils ma-nœuvrent là, chaque jour, sous nos yeux, en plein so-leil, c'est pousser le paradoxe un peu loin, monsieur.

Votre qualité d'écrivain tout neuf et votre inexpérience en logique peuvent seules vous servir d'excuse. Croyez bien que, dans un pays comme la France, une clameur universelle de désapprobation ne s'élève jamais sans des motifs sérieux, incontestables. Donc, la Bourse est un danger social ; donc, Dumas fils est l'écho de la vindicte public.

Et je vous prie de croire qu'il a raison un peu plus qu'*exceptionnellement*.

Et vous ne convaincrez ni lui ni moi que les millions entrent dans la poche des boursiers au *profit des peuples*.

Vous dites que, pour rendre Jean Giraud tout à fait méprisable, Alexandre Dumas fils a dû « lui prêter des antécédents qui le transforment en véritable escroc. »

Mon Dieu, oui! c'était absolument nécessaire.

Il faut de la logique au théâtre. Avant d'*exercer* à la Bourse, monsieur, avant de gagner des millions, il est rare qu'un Jean Giraud n'ait pas eu à se reprocher quelques indélicatesses, et, si j'avais le temps, je vous raconterais l'histoire de certaine petite infamie de presse commise dans un journal de province. Vous

verriez comment un des plus illustres héros de l'agiotage a conquis sa première mise de fonds.

Ailleurs, vous dites que Jean Giraud ne peut être
déshonoré « pour avoir vendu des actions très-cher et
les avoir ensuite rachetées en baisse. » Vous ajoutez
que tous les princes de la finance en font autant.

Juste ciel! monsieur, quel aveu!

La baisse, me direz-vous, n'est pas leur ouvrage.
Allons donc! Ils sont condamnés par ce terrible
axiome : *Cui prodest?* et le cri général accusera toujours des mouvements de la bascule ceux qui en pro-
fitent.

Quant à la lâcheté de Jean Giraud, dont vous faites
encore un crime à l'auteur, nous croyons que tout individu de cette espèce est forcément lâche. On peut le
menacer d'un soufflet ou d'un coup de canne, sans
qu'il vienne, pour laver l'injure, exposer sa peau de
millionnaire.

Donc, Alexandre Dumas fils a fait une excellente
pièce, monsieur, ne vous en déplaise.

Tous les reproches que vous lui adressez tombent
à faux.

Nous ne savons pas s'il vous a jadis écrit, comme vous l'affirmez, des *lettres intimes* et *amicales*; mais cette correspondance ne l'oblige nullement à vous consulter aujourd'hui sur la moralité des hommes de Bourse. Au lieu de donner des conseils à l'auteur de *la Question d'argent*, vous seriez plus sage d'aller trouver votre ancien associé Mondor, un gaillard qui cherche beaucoup trop à attirer l'attention publique. Je lui tiendrais, à votre place, le petit discours qui va suivre :

« Eh ! mon cher, quelle folie est la tienne ! Il semble que tu veuilles résumer en ta personne les innombrables ridicules des Turcarets passés, présents et futurs.

« Quoi ! tu t'avises de trancher du Mécène, toi Mondor ? Hélas ! mon bon ami, le bœuf gras, ce roi pesant et stupide, promené dans nos rues à l'heure des folies carnavalesques, n'a jamais eu la prétention de ressembler à un cheval arabe. Certains rôles exigent de l'acteur des qualités spéciales, et je défends à Grassot de jouer César.

» Ah ! Mondor ! Mondor ! quand on doit ses millions à la Bourse, quand on passe inopinément d'une détresse extrême à une folle opulence, il ne faut pas

chercher à éblouir la multitude par l'éclat de ce man-
teau brillant que la fortune capricieuse jette sur l'é-
paule des parvenus !

» Tu as commis une sottise, une grave sottise, et ta
fête à la littérature fera pouffer de rire la France
entière.

» Ne pas deviner que tous ces gens-là se moquent
de toi ! vraiment, c'est impardonnable. Pauvre maître
corbeau, tu as eu des renards pour convives ! Laisse
tomber le fromage, et tu m'en diras des nouvelles.

» Ecoute bien, Mondor, mon ami : notre rôle, à nous
millionnaires de fraîche date, est de ne point attirer
autant que possible l'attention sur notre richesse.

» Restons en repos derrière nos sacs d'écus. Un
fleuve qui a passé sur un terrain bourbeux a besoin
de calme, pour que ses eaux déposent le limon et deviennent un peu limpides. Vivons en famille ; élevons
nos enfants ; ne donnons point de fêtes tumultueuses ;
n'affichons pas à la clarté des lustres les épaules et
les diamants de nos femmes. Tâchons de faire oublier
par de bonnes œuvres l'insolence de nos millions.
Devant nous sont ouvertes les caisses de bienfaisance,
versons-y notre superflu. Purifions, en secourant le
pauvre, les dons de Baal ; protégeons les arts, proté-

geons les lettres, protégeons l'industrie, mais sans orgueil absurde, sans ostentation, sans esclandre, sans chercher à attirer l'œil du public. Nous ne gagnons rien à être vus de près, ni ces dames non plus, quoi qu'en puisse dire cet excellent poëte Méry.

» Corbeau mâle ou corbeau femelle, défions-nous du renard ! »

Voilà, monsieur, le discours plein de tact et de haute raison que je vous engage à tenir à un homme qui est doublement votre coreligionnaire, puisqu'il partage avec vous le culte d'Israël et celui de Plutus. Alors, vous pourrez vous flatter d'être dans le sens commun, dans le juste, dans l'honnête, et je vous applaudirai de grand cœur.

Malheureusement, il n'en est pas de même lorsque vous discutez *la Question d'argent*.

Croyez-moi, ne cherchez à éteindre ni la gloire d'Alexandre Dumas fils, ni le mérite de son œuvre. Le public est contre vous, monsieur; tâchez de vous en bien convaincre, et, si vous rencontrez Jean Giraud, veuillez ne pas lui offrir mes respects.

Je vous salue, mais je ne salue pas vos millions.

IV

A MADEMOISELLE AUGUSTINE BROHAN.

Paris, 16 mai 1857.

Mon Dieu, oui, ma chère Suzanne, c'est à votre adresse que j'envoie ces lignes. Je n'ai pas comme vous déposé la plume.

Êtes-vous calme ? vos oreilles sont-elles enfin remises de ce tumulte orageux que vous avez soulevé ? J'espère que vous connaissez maintenant les journalistes, et qu'ils vous ont donné la mesure de leur bel esprit, — surtout de leur esprit de convenance.

Ah ! c'est votre faute aussi ? Qu'alliez-vous faire dans ce guêpier ?

Je comprends qu'on s'y lance, quand il faut à tout prix écraser des insectes qui vous tourmentent de leurs piqûres, comme est obligé de faire votre serviteur ; mais vous, Suzanne, vous fille de Molière, vous enfant gâtée du public, vous qui ne connaissiez que la joie, que les applaudissements, que les adorations, vous vous amusez, petite folle, à venir agacer des guêpes ? Vous marchez sur la queue du reptile ; vous affrontez le dard, l'aiguillon, le venin, pour que toutes sortes de vilaines morsures enflent vos joues roses et vos petites mains blanches ? Allons donc ! Celui qui vous a conseillé, ma belle, est un franc étourdi.

Mais c'est Figaro, dites-vous.

Eh bien, cela ne m'étonne pas. Avec tout son esprit, ce garçon-là donne dans bien des travers. Il abuse de l'intrigue ; il a trop de langue, et pas assez de moralité. Un jour, il s'en repentira, vous verrez, Suzanne ! à moins qu'il ne s'amende, ce que je lui souhaite de grand cœur. Figaro a du bon. Sa verve est amusante, il a le secret de l'éclat de rire ; mais il ne lui appartient pas d'aborder les choses sérieuses. Qu'il plaisante, bon ! qu'il égratigne, passe encore. Mais qu'il

vienne saper un piédestal et renverser une statue, voilà
ce qu'on ne souffrira jamais, entendez-vous, Suzanne?
et vous avez eu tort d'être sa complice.

Victor Hugo, piqué, comme tant d'autres, de la
tarentule politique, est devenu fou d'ambition et d'orgueil.

Ne trouvez-vous pas qu'il se cause lui-même assez
de préjudice, et qu'il porte assez cruellement la peine
de ses erreurs? Allez-vous essayer de persuader à la
France qu'il n'est pas le plus grand poëte des temps
modernes? Parce qu'il a follement ambitionné la
gloire des Guizot, des Thiers, des Dupin, faut-il le ra-
valer systématiquement, et dire que ses palmes poé-
tiques sont usurpées?

Le crime le plus impardonnable des révolutionnaires
de l'époque est d'absorber cet homme et de le retenir
sous leurs réseaux impurs.

Si vous n'aviez dit que cela, Suzanne, tout le monde
eût été de votre avis.

Il faut voir les choses de plus haut, ma pauvre enfant. Les nobles cœurs ne cèdent pas à la rancune et
ne se vengent point. La colère, vous le savez bien,
ressemble à l'ivresse. Hugo est ivre. Le nuage qui

trouble sa raison se dissipera quelque jour. Hélas! il sera trop tard peut-être, pour lui et pour son bonheur! mais il n'en sera pas de même pour l'enseignement des peuples et pour la confusion des misérables qui cherchent à brûler la France et le monde, sous prétexte qu'ils ont à faire cuire l'œuf de leur ambition stupide et de leur égoïsme impie.

Assez de reproches, Suzanne. Vous avez reconnu votre faute, et vous êtes pardonnée. C'est-à-dire non. Le grand Dumas tient à émerveiller l'Europe par un exemple de justice, et si je vous excuse, il se montre inflexible.

Vous avez là, ma chère, un ennemi bien dangereux!

A moins cependant que sa lettre ne soit un acte insensé d'opposition, comme beaucoup le prétendent, et comme je le crains sérieusement moi-même. Voyons, Suzanne, parlons à voix basse, et tâchons de n'être entendus de personne. Croyez-vous, là, franchement, sur l'honneur, que l'illustre mousquetaire soit l'ami de Victor Hugo? Vous riez...

Parbleu! j'attendais cela.

Comédie, n'est-il pas vrai, comédie pure? Dumas

déteste l'auteur des *Orientales*. Il en a donné la preuve à toutes les époques. Seulement, aujourd'hui, comme il s'imagine avoir à se plaindre de l'indifférence du pouvoir, qui ne vient pas au secours de sa ruine, il montre les dents, comme il les montrait jadis à Louis-Philippe. Il espère qu'on va lui jeter un os gouvernemental à ronger, ou qu'on lui fermera la bouche avec une pension.

Le gaillard ne serait même pas fâché de se faire exiler un peu pour se donner du relief ; il arriverait de la sorte à se rendre intéressant peut-être.

Pauvre homme ! ses ficelles sont par trop visibles.

J'ai sous les yeux la lettre que vous venez d'écrire à l'*Indépendance belge*, Suzanne, et j'y vois cette phrase un peu tourmentée, mais dont la justesse est incontestable : « Dans ces questions délicates, moins qu'à personne il appartenait de prendre la parole à l'homme *qui n'a pas su respecter dans ses augustes bienfaiteurs un exil doublement sacré.* »

C'est bien dommage, Suzanne, que ce vieux Louis-Philippe ne soit plus là pour vous entendre !

Auguste bienfaiteur de Dumas et de la bourgeoisie,

le roi-citoyen a été récompensé comme il devait l'être, ma chère. Quand on protége l'égoïsme et les instincts avides, on ne doit compter sur aucun élan généreux du cœur. Si vous semez la corruption, il est trop juste que vous moissonniez l'ingratitude. Les ducs d'Orléans et de Montpensier connaissaient à merveille les indignes tripotages littéraires de M. Dumas. Pourquoi lui faisaient-ils accueil ? parce qu'il les amusait.

Belle raison de prince, ma foi !

Sous leurs yeux, et l'on pourrait dire sous leur patronage, cet écrivain pirate a monté sa fabrique ; il l'a fait manœuvrer dix-huit ans, au plus grand scandale des lettres.

Et les bourgeois, comme les princes, excusaient son audace. Ils le trouvaient aussi très-amusant.

Oui, Suzanne.

Cet homme, avec son indigne commerce littéraire, a gagné des millions. Tous les journaux étaient ses contribuables, tous les libraires habituaient le public à ne lire que les volumes marqués à l'estampille de la maison Dumas et compagnie. Cinquante hommes de lettres travaillaient là sans trève ni relâche. Ils vendaient au rabais leur intelligence et leur esprit. Un nègre avait trouvé moyen d'organiser la traite des

blancs. Et tous les jeunes auteurs qui refusaient leur
plume à ce marchand de phrases le trouvaient constamment debout, au seuil de la renommée, pour leur
en interdire l'approche. Il fermait pour eux toutes les
issues.

Combien sont morts à la peine, ma pauvre Suzanne!

Le *labor omnia vincit improbus* devenait pour eux
un mensonge. Alexandre Dumas accaparait à lui seul
le budget des lettres. Il fallait à ce monsieur deux
cent mille francs, année commune, et les princes, qui
le trouvaient trop pauvre encore, lui donnèrent le privilége d'un théâtre.

Mais de semblables fortunes sont maudites ; elles
ne tiennent pas aux mains de celui qui les gagne.
C'est absolument comme l'or que les prostituées re-
çoivent de la fange : elles le rendent à l'opprobre.

Le théâtre a fait faillite.

Tous les collaborateurs de cet homme l'ont quitté
tour à tour. Il est seul, tout est fini. Sa force était la
force des autres. Croyez-vous à la Providence, ma
chère Suzanne? Oui, n'est-ce pas? Eh bien, regardez !
L'heure du châtiment sonne pour le coupable.

On le lui avait bien dit !

V

A M. JULES-ISAAC MIRÈS.

Paris, 4 mai, 1857.

Monsieur et très-illustre financier,

J'avais promis de ne plus entretenir mes lecteurs de votre estimable personne; mais le biographe propose et les juges disposent. Le coup de férule de dame Thémis est si bien appliqué, cette fois, que j'en ai les ongles brisés. Maintenant, vous voilà satisfait : je ne vous égratignerai plus.

L'énergie du châtiment fait entrer tout à la fois la lumière dans mon esprit et le repentir dans mon cœur.

Mes yeux se dessillent, comme ceux de l'apôtre, sur le chemin de Damas, et je me prosterne devant le rayon triomphant.

Où avais-je l'imagination, juste ciel, pour me figurer que l'agiotage était une plaie de l'époque, une plaie dangereuse qu'il fallait cautériser, coûte que coûte, afin de prévenir la gangrène? En vérité, mes terreurs n'avaient pas le sens commun. Le délire me troublait le cerveau. Ne tenez aucun cas, je vous en conjure, des phrases plus ou moins blessantes contenues dans mes dernières lettres : je les biffe, je les couvre de ratures, je les efface avec mes larmes.

Désirant faire une amende honorable aussi complète que possible, je me couvre la tête de cendres; j'arrive en chemise, nu-pieds, la corde au cou, le cierge à la main, devant le veau d'or, bien décidé à lui adresser à deux genoux les plus humbles excuses et à lui dire :

« O divinité de mon siècle, veau sublime, veau puissant, veau redoutable, qui pourrais au besoin conduire à la boucherie ceux qui ne se courbent pas sous ta loi; veau qu'on ne mange pas et qu'on adore, veau

dont la chair est de métal et dont le cœur est un lingot, veau terrible et victorieux, pardonne-moi !

« Je promets de ne plus nier ton omnipotence ; je
respecterai ton culte : je ne renverserai plus les casso-
lettes qui fument devant ton autel.

« Enivre-toi d'encens, règne en paix dans ton
temple !

« Dès aujourd'hui, je fais le serment de ne jamais
passer sur la place de la Bourse sans me prosterner,
sans gémir, sans déplorer ma coupable erreur. Je t'ap-
porterai des couronnes ; je chanterai ta louange et celle
de Jules-Isaac Mirès jusqu'à la consommation des siècles, c'est-à-dire pendant quarante jours environ, puisque, le 13 juin, ce malheureux globe est condamné à
périr...

« Ainsi soit-il ! »

Voilà, j'espère, une harangue qui ne m'occasion-
nera point de procès, monsieur et très-illustre financier. Mais vous allez me reprocher peut-être, comme
un nouveau crime, de souhaiter la fin du monde.

Hélas ! si elle n'arrive point, voyez quel sera mon
destin !

J'ai des croyances religieuses trop enracinées et

trop profondes pour recourir au suicide, et si la planète, vous et moi, nous continuons d'exister, miséricorde! vous me rendrez à coup sûr le plus à plaindre
de tous les êtres d'ici-bas.

Thémis me livre à vous pieds et poings liés, monsieur Mirès. Jugez un peu : trois mille francs de dommages-intérêts, sans compter les amendes! Et le
citoyen Bocage qui peut-être en obtiendra le double!
Où voulez-vous que je prenne ces sommes exorbitan-
tes? Je n'ai en ma possession que de faibles écono-
mies d'écrivain, destinées à nourrir ma femme et mes
enfants, en cas de malheur. Ma vie de travail est fort
pénible, et la maladie, doublement ruineuse pour
l'homme de lettres, peut, un beau jour, s'asséoir à mon
chevet.

Donc, il serait imprudent de me démunir de ces res-
sources modestes.

Donc, je ne puis pas vous payer.

Donc vous allez recourir à la contrainte par corps,
absolument comme a fait jadis Émile de Girardin.

Tenez, franchement, le mieux serait de nous entendre et de signer un armistice. Que dis-je? un traité de
paix en bonne forme. Puisque j'ai fait amende hono-

rable au veau d'or, il serait illogique de prononcer un
seul mot dont vous ayez lieu de vous plaindre à l'avenir, et de ne pas accorder à tous vos actes une entière
approbation. Bien plus, je veux vous prendre pour
modèle et marcher sur vos traces. Point de honte, point
d'hésitation, point de scrupule.

Je me fais boursier. Vive la Bourse !

Après avoir été *contre*, me voilà *pour*. Hier je disais
blanc, je dis *noir* à l'heure qu'il est. L'homme absurde
est celui qui ne change jamais.

En conséquence, je vous déclare une merveille, un
prodige, un phénomène, et je vous demande en grâce
de me laisser presser affectueusement cette main glorieuse, cette main d'israélite et de financier qui palpe
tant de millions. O monsieur Mirès, ô mon illustre confrère, ô mon maître, apprenez-moi les secrets de la
prime ! Associez-moi à vos opérations ! Indiquez-moi
par quels procédés miraculeux on devient archi-mil-
lionnaire ! Dirigez mon inexpérience, conduisez mes
pas novices, préservez-moi des casse-cou de la Bourse,
et je prends l'engagement solennel de vous payer les
trois mille francs de dommages-intérêts, dont je vous
suis redevable, sur les bénéfices que vous ferez en-

trer dans ma caisse. En attendant, je veux vous donner une preuve éclatante de la sincérité de mon enthousiasme pour votre gloire financière et pour vos
mérites trop méconnus. Après avoir consulté mes amis
et toutes les personnes qui daignent me porter quelque intérêt, j'ouvre, dès ce moment, une souscription
en votre faveur, comme vous le verrez ci-dessous.

Agréez, je vous prie, monsieur et très-illustre financier, l'assurance de mon respect sincère, de ma profonde estime et de mon admiration sans bornes.

SOUSCRIPTION

**Pour offrir à M. Jules-Isaac Mirès une couronne de myrte
et de fleurs d'oranger, en récompense de ses vertus.**

La souscription est ouverte à partir du 5 mai présent mois, dans les bureaux mêmes du journal les
Contemporains, rue Coq-Héron, 5.

Un avis subséquent indiquera le jour où elle sera
close.

Toute bonne œuvre, pour être méritoire, devant rester mystérieuse, nous ne publierons, jusqu'à nouvel
ordre, ni le chiffre des sommes versées ni le nom des
souscripteurs.

Les listes remplies seront conservées précieusement dans les archives du journal.

Attendu que les actionnaires des entreprises diverses que patronne M. Jules Mirès ne manqueront pas d'accourir en foule, — et pour éviter tout encombrement, — des guichets spéciaux seront établis :

Pour les actionnaires de la Caisse générale des chemins de fer.

Pour les actionnaires du Gaz de Marseille ;

Pour les actionnaires de La Joliette ;

Pour les actionnaires des Mines de Portes et Sénéchas ;

Pour les actionnaires des 3 p. 100 espagnols ;

Pour les actionnaires des chemins de fer Romains, etc., etc.

Tout l'honneur de la souscription devant être réservé au public, on ne recevra pas les offrandes des congrégations religieuses.

La couronne sera tressée par madame Prévost, la célèbre fleuriste du Palais-Royal, et douze vierges, vêtues de robes immaculées, la porteront à l'hôtel Mirès, rue Richelieu.

VI

A M. ALEXANDRE DUMAS PÈRE.

Paris, 12 mai 1857.

En vérité, cher monsieur Dumas, vous êtes bien aimable de venir ainsi vous jeter au milieu des questions périlleuses où je suis engagé. C'est du dévouement de votre part. J'en profite, et je laisse le veau d'or pour causer avec vous, mon maître.

Après le drame, la comédie.

Permettez-moi de vous adresser d'abord mes com-

pliments sincères. Le besoin du *Monte-Cristo* se faisait généralement sentir. Il est positif que la France
veut un journal *publié et rédigé par* ALEXANDRE DUMAS,
SEUL. Je ne connais pas d'autre moyen de la dérider
un peu. Le rire est une bonne chose et les premiers
comiques sont rares. On demandait un modèle du
genre. Vous entrez en scène. Bravo !

Seulement, quel costume avez-vous choisi-là, bon
Dieu ! Cet homme barbu, déguenillé, ruisselant, que
la mer jette sur les rochers comme une épave, est-ce
bien vous, mon maître ? Il est impossible d'apprendre
plus délicatement au public que vous avez fait nau-
frage, et le public, je n'en doute pas, s'empresse de
vous sécher au soleil de l'abonnement. Il vous pro-
cure des habits neufs. Moi, cher monsieur Dumas, je
me charge de vous raser.

Maintenant que vous êtes propre et en tenue dé-
cente, parlons de nos affaires.

Ah çà, vous serez donc toujours le même ? L'âge,
qui verse du plomb dans les cervelles les plus folles,
est impuissant sur la vôtre, et ne peut lui donner ni
poids ni consistance. Quel singulier individu vous
faites, mon pauvre Dumas ! Étourdi, fanfaron, van-

tard et menteur, c'est trop pour un homme seul. Vous
devriez céder, fût-ce à perte, quelques-uns de ces
petits défauts-là. Je connais bon nombre de journalistes qui vous les achèteraient, au risque d'en possé-
der une édition double.

Raisonnons sagement et sans colère, afin que le
Palais de Justice ne vienne plus s'immiscer dans nos
querelles.

Depuis dix ans, vous avez contre moi quelque rancune. Je me suis mêlé de vos opérations mercantiles;
j'ai trahi le secret de votre fabrique, et il vous est parfaitement désagréable de trouver, à l'heure qu'il est,
dans la presse militante un écrivain qui parle de vous
sans le moindre enthousiasme.

Je comprends que vous cherchiez une petite vengeance.

Mais encore faut-il que cette vengeance soit honnête, et vraiment elle ne le serait pas, aujourd'hui,
par ce bon temps de haines implacables et de procès
sans fin, si les accusations contenues dans le *Monte-
Cristo* du 30 avril s'adressaient à moi.

Voici votre article :

« Un journal a raconté qu'avant mon départ, M. Émile, ou plutôt madame Émile de Girardin m'avait demandé de faire une pièce pour être jouée dans son salon, mais qu'alors, comme je ne fais rien pour rien, j'ai appelé un illustre magistrat et je lui ai dit :

» — Faites passer mes procès de la première à la cinquième chambre, et je ferai la pièce que madame désire. — Donnant donnant.

» Avouez, chers lecteurs, qu'il est impossible d'insulter plus grièvement, en moins de mots, trois des plus honorables noms de la magistrature.

» Sans compter que ce n'est point vrai que mes procès soient passés à la cinquième chambre.

» Il est vrai qu'il y a quelque chose comme une dizaine d'années, j'ai fait condamner ce même journaliste à quinze jours de prison, à l'insertion du jugement dans quatre grands journaux et à son affichage sur les murailles.

» Ajoutons que, sur la demande de la femme du journaliste et sur la prière de M. Nogent-Saint-Laurens, son défenseur, je l'ai tenu quitte de tout ; cela pouvait monter à quatre mille francs ou à cinq ans de Clichy.

» Enfin terminons en disant que ce même journaliste a emprunté, depuis, douze cents francs à Porcher.

en lui exprimant par écrit tout le regret qu'il avait de m'avoir attaqué, et en promettant bien, si les douze cents francs lui étaient prêtés, que pareille chose ne lui arriverait plus. Porcher les lui prêta, sans me prévenir, bien entendu.

« Porcher a la lettre, — elle porte à cette heure une date de huit ou dix ans, — il n'est pas payé, — et le journaliste m'attaque. »

Voyons, cher monsieur Dumas, expliquons-nous, et pas de subterfuges.

Serait-ce moi que vous avez voulu désigner? Quelques personnes l'affirment et m'expédient ce curieux article, en soulignant chaque phrase.

Je tombe du plus haut des nues.

Car vous m'avez fait condamner, il y a dix ans, c'est vrai, — toujours en vertu de cette maudite loi de 1819, — à *quinze jours de prison*, absolument comme je l'ai été la semaine dernière pour le procès de ce bon M. Mirès. (O douce analogie !) Le jugement ordonnait *l'insertion dans quatre journaux*. Maître Nogent-Saint-Laurens était déjà *mon défenseur*, et j'ai, depuis, *emprunté de l'argent à Porcher*.

Vous comprenez mon inquiétude. Les coïncidences,

convenez-en, sont au moins bizarres. Est-ce à moi, définitivement, que le pavé s'adresse? Il faut le dire. Ma réponse alors sera très-simple et très-laconique. Si vous soutenez que j'ai raconté dans mon journal l'anecdote de Mme de Girardin et du magistrat, je répondrai avec politesse (toujours par respect pour la loi de 1819), mais sans hésitation :

— C'est une indigne fausseté !

Si vous soutenez que ma femme et maître Nogent-Saint-Laurens vous ont supplié de me faire grâce des insertions et de la prison pour dettes, je répondrai, en accompagnant mes paroles d'un salut qui puisse en atténuer l'énergie :

— C'est une odieuse imposture !

Si vous soutenez enfin que Porcher m'a prêté de l'argent contre une promesse écrite de ne plus diriger contre vous la moindre attaque, je répondrai pour la troisième fois, en m'inclinant jusqu'à terre :

— Vous en avez menti !

Donc, il faut nommer le journaliste coupable, cher monsieur Dumas, et ne pas laisser planer le soupçon sur l'innocent.

Comme tous ceux qui ont fait du théâtre, j'ai eu recours à la bourse de Porcher, mon voisin depuis huit ans. Porcher m'a prêté *six cents francs* et non *douze*, sur un opéra reçu au Théâtre-Lyrique, et j'ai rendu cette somme avec les intérêts, parce que la pièce, grâce au changement de direction, est rentrée dans le portefeuille du musicien.

Quand il vous plaira, mon maître, je vous communiquerai vingt ou trente lettres de Mme Porcher. Ces lettres vous prouveront qu'elle a eu souvent recours à mon obligeance et que vous n'êtes absolument pour rien dans mes relations avec sa caisse. J'ai pu dire à madame Porcher, j'ai pu même lui écrire ce que j'ai dit et écrit partout, dans la biographie de Méry, par exemple. Ouvrez cette biographie, vous lirez à la page 93 :

« M. Dumas, jadis, nous a contraint de publier contre lui une brochure violente.

« En jetant le blâme au littérateur, en désapprouvant son mercantilisme insensé, nous avons eu un tort dont la colère ne nous lave pas, celui d'attaquer l'homme.

« Aussi le regrettons-nous sincèrement.

« Nous le regrettons pour M. Dumas que nous avons

blessé; qui, par cela même, dédaigne nos conseils, persiste à ne point respecter sa gloire, et continue d'encombrer chaque issue de la presse avec ses collaborations anonymes.

«Nous le regrettons pour la jeune littérature que nous avons défendue tout à la fois avec conscience et avec maladresse, etc. »

Voilà ce que j'ai dit, mon maître; voilà ce que je répéterai toujours.

Sans les attaques contre l'homme je gagnais ma cause. La littérature était sauvée. Vous seriez revenu à résipiscence, et pour vous j'aurais fermé le gouffre peut-être. Hélas! à présent, vous êtes au fond! Tirez-vous de là comme vous pourrez.

Mais, au nom du ciel, ne mentez plus; n'ajoutez pas à vos torts celui de vous défendre par la calomnie.

Décidément vous devenez vieux. L'audace et l'habileté vous font défaut. Pour m'attaquer plus sûrement, pour engager une bataille qu'on aurait pu croire sérieuse, il vous suffisait de prendre certaine brochure *admirablement écrite*, et signée par un *fort honnête homme*, M. Pierre Mazerolle.

Voilà un collaborateur que je vous recommande, et un fameux !

Il a été le mien (c'est lui qui l'affirme) ; toutes mes biographies, faites ou à faire, sont dues à sa plume élégante, et je me suis rendu coupable des *abominations littéraires* que je vous reproche (c'est toujours lui qui l'affirme).

Soutenez ce galant homme, à la bonne heure !

Chez lui vous trouverez à coup sûr *talent*, *vérité*, *conscience*, trois choses peu communes en ce bas monde, vous le savez mieux que personne, ô mon maître ! Il est clair que pareille occasion de vous venger de moi ne se présentera plus. Saisissez-la vite et frappez sans crainte. J'attends. Vous le voyez, je suis généreux, et je vous fais la partie belle.

Tout à vous, encre et plume.

VII

A M. VILLEMOT, DE L'*Indépendance belge*.

Paris, 22 juin 1857.

Débutons, s'il vous plaît, monsieur, par des compliments.

Ah ! que votre lettre du samedi, 13 de ce mois, était donc spirituelle, et que la fin du monde aurait eu mauvaise grâce à étouffer ce chef-d'œuvre sous un irréparable cataclysme ! L'*Indépendance belge* est une heureuse feuille d'avoir acquis un talent comme le vôtre, une plume habile, exercée, légère. D'un article

violent, rageur, diffamatoire, vous passez sans transi-
tion à un article doux, anodin, presque inoffensif, à
un amour d'article, que j'ai lu deux fois, sans croire
au témoignage de mes yeux. Quelle délicatesse dans
la pensée! quelle verve de bon aloi dans le style!
quelle finesse dans la plaisanterie! Comme vous railliez
agréablement cet honnête prêtre qui a cru devoir
joindre à son abonnement aux *Contemporains* quelques phrases sympathiques!

Où prenez-vous tout cela, bon Dieu? Quelle fée bien-
veillante s'est assise au berceau du petit Villemot
pour lui donner ces dons inappréciables?

« *Corne-de-bœuf!* vous exclamez-vous, dans ce beau
style pour lequel on ne trouvera jamais assez d'éloges,
que vous avez dû rire en portant à la colonne des re-
cettes les *dix-huit francs* de M. le curé! Ah! çà, mais
vous avez dû vous *rouler?*... »

Puis vous me conseillez d'ouvrir une barraque aux
Champs-Elysées, où je ferais voir au public les dix-huit
francs du bon prêtre, et à la porte de laquelle je sus-
pendrais un tableau représentant M. de Mirecourt *ri-
cotant chez Vachette l'argent du curé.*

Juste ciel! que tout cela est bien dit! A la bonne heure, voilà du sel attique, et si votre réputation de chroniqueur devient un jour européenne, on ne devra point s'en étonner. Malheureusement, je ne dîne jamais chez Vachette, et je n'ai, monsieur, ni les habitudes, ni l'estomac, ni les honoraires des écrivains de votre bord.

« Il paraît, continuez-vous, que vous avez, au péril de vos jours, défendu le Christianisme, l'ordre social, la famille, la morale, et tout ce que les hommes sont habitués à vénérer. Au bout de tous ces dévouements, il paraît encore que vous n'avez pas été compris. Que voulez-vous? c'est navrant; mais ce siècle est pervers, et ceux qui l'ont précédé ne valaient guère mieux. Vous savez que Socrate a bu la ciguë. »

Merci du parallèle. Je l'accepte, et j'aurais seulement désiré qu'en parlant de votre personne, vous fussiez aussi convenable dans le choix des expressions et des métaphores. Je continue de citer textuellement :

« Vous êtes agressif, me dites-vous, provocateur et

vous envoyez des boulettes aux gens inoffensifs qui ne sont même pas dans votre voie. »

Des *boulettes*, monsieur ! Vous osez dire que je vous envoie des *boulettes*. En tout cas, elles n'étaient pas empoisonnées, puisque vous êtes encore de ce monde. Après les grossières injures que vous avez débitées d'inspiration contre moi dans votre dernier article, et sans y être provoqué par aucune attaque violente, vous pouviez vous dispenser de vous injurier vous-même et de vous comparer à un Terre-Neuve ou à un caniche. Des *boulettes !* mangez-en, monsieur ; mais dispensez-vous d'en faire.

Vous avez le tort grave, à la fin de votre lettre, de revenir au système de la violence. Croyez-moi, n'essayez jamais, sur vos tréteaux belges, de jouer un autre rôle que celui de *queue-rouge*. Soyez plaisant, railleur, spirituel toutes les fois qu'il vous sera possible de l'être. Vous étiez payé pour cela jadis dans le *Figaro ;* vous avez trouvé des appointements plus riches à l'*Indépendance*, tant mieux. Profitez de votre chance et du goût du jour. On aime, à notre époque, les lazzis, les quolibets, les *blagues* (excusez le mot, j'emprunte votre style), les vieilles histoires de commis-voyageurs et les cancans de portier. Cela n'est pas bien nécessaire à la moralisation sociale ; mais, enfin, cela plaît aux désœuvrés, aux calicots érudits, aux gens de Bourse, aux biches de M. Nestor, à toute cette population folâtre qui a de l'argent à perdre, des ennuis à tromper, des médisances et parfois des calomnies à répandre dans le public.

Mais n'essayez jamais de paraître imposant ou terrible, monsieur. Que diriez-vous de Jocrisse essayant de prendre en main la massue d'Hercule ?

Après m'avoir octroyé, dans ce premier article, que je vous pardonne, l'épithète aimable et gracieuse de *loup enragé,* voici que vous sortez une seconde fois de votre rôle et de votre caractère. Vous grincez les dents, vous montrez le poing, tout en ayant l'air de rire, et vous me menacez de la police correctionnelle à propos de cette malheureuse pièce du *Rêve d'un Brave,* jouée au Cirque-Olympique en 1828.

« Je n'en suis pas l'auteur, dites-vous, pas plus que d'une trentaine d'autres pièces de théâtre sur lesquelles vous trouverez mon nom. »

Figaro, l'autre jour, affirmait qu'elles sont de votre

frère, et que, seul, il les a commises. Je n'en crois rien, monsieur. Que voulez-vous ? c'est mon droit.

Peste ! tout farceur que vous êtes, savez-vous qu'il ne fait pas bon vous attribuer la paternité d'un vaudeville ?

Que trouvez-vous donc à cela de déshonorant, s'il vous plaît ? Tudieu ! quel soin vous prenez de votre réputation littéraire ! Êtes-vous bien sûr qu'elle soit digne de tant de scrupule, d'une sollicitude aussi vive, d'un déploiement aussi considérable de gros mots et d'intimidation ? Il me semble que vous exagérez un peu votre mérite d'écrivain.

N'importe, je vous déclare ici que toutes vos sommations, avec ou sans timbre, seront insérées à l'instant même dans mon journal.

Dieu me préserve d'aller en votre compagnie , moi comme accusé, vous comme plaignant, au Palais-de-Justice ! Je ne suis pas l'ami de la maison, moi, monsieur ; je n'ai pas l'oreille du parquet comme vous vous flattez de l'avoir ; je n'ai jamais rien été dans les fonctions publiques — ou privées. On ne m'a vu aux gages d'aucun corps de l'État. Je suis obscur et sans défense ; je n'ai pas d'amis dans tous les camps ; je n'appartiens à aucune coterie, à aucune influence. Vous êtes trop bien renseigné sur tout ce qui se passe, ici et ailleurs ; vous êtes sûr de vous-même et vous me tendez un piége. Ce n'est pas bien pour un démocrate qui a changé de peau.

D'un côté comme de l'autre vous voyez les cartes. Merci ! cherchez un autre joueur.

Je ne suis pas enrôlé dans les familiers du Sénat, moi, monsieur, et je ne donne pas la main par-dessus la frontière aux nobles exilés que vous savez ; je n'ai pas la ressource de trouver des soutiens à droite et à gauche dans les opinions les plus contraires ; — je marche seul avec mon *honneur endolori*, puisque vous me lancez impunément cette dernière ruade.

Ah ! mon maître, vous obéissez trop bien aux ordres que vous avez reçus ! Cette rage froide, ces insultes sans portée dépassent le but.

Faites en sorte que votre honneur reste aussi valide et aussi intact que celui du biographe.

Pensez-vous qu'il suffise de quelques lignes tombées de votre plume pour m'intimider ? Qu'êtes-vous donc, vous qui vous posez en redresseur de torts ? Qu'avez-vous fait ? Qu'avez-vous écrit ? Êtes-vous un penseur, un moraliste, un homme d'État ? Non. Vous êtes aux gages d'une feuille étrangère qui vous jette quelque monnaie comme à un clown adroit sur la phrase.

comme à un amuseur de boudoirs, de coulisses et d'estaminets. Vous êtes mis en avant dans cette lutte par vos anciens confrères les *puritains*, qui ne sont pas fâchés de voir attaquer un homme qui les connaît et qui les méprise.

Continuez, monsieur, votre petit métier.

Je sais que vous n'êtes pas maladroit. Une plume alerte comme la vôtre trouvera toujours de l'ouvrage et un abri chez les *bleus* comme chez les *verts*.

VIII

31 août 1857.

Vous avez fini, messieurs, je commence.

Paris, la province et l'Europe sont encore en admiration devant la logique solennelle que nos hommes de Bourse vous ont tout à coup inspirée, probablement par leur mérite seul.

Vive Dieu! quel enthousiasme et quel désintéressement!

Le haut journalisme vient de donner là, je vous le

jure, une preuve éclatante de bonne foi, de conscience,
de dignité, de courage civique, bien capable d'émerveiller le monde.

Ainsi, j'ai pu, durant quatre années entières, prendre les noms les plus illustres pour les imprimer en
tête de mes volumes ; j'ai pu critiquer les premiers personnages de ce pays, discuter leur gloire, leur talent,
leurs actes, sans que vous ayez dit un mot pour les
défendre, et voici que vous vous levez tous comme un
seul homme, quand j'attaque le Million, ce monarque
insolent du jour?

Hélas ! quelle idée vous faites-vous de la France !

Il n'y a donc plus chez nous qu'une chose sacrée :
l'argent? Vous pensez que notre devoir est de nous
prosterner devant le lingot, quelle que soit la fange où
des mains impures se plongent pour le saisir. C'est là
votre idole, c'est là votre Dieu ! Toutes vos sympathies,
tous vos respects, tout votre encens vont au lingot, s'a-
dressent au lingot, lui sont décernés. On peut tout dire
si l'on ne parle pas du lingot ; on peut tout écrire si
la plume, honteusement révérencieuse, n'attaque pas
ce vil morceau d'or. Autrement, vous criez à l'infamie, au scandale, à la diffamation.

Vite des juges !

Vite des amendes !

Vite des cachots pour le diffamateur !

« Où donc est le code ? Avez-vous examiné le texte de la loi ? C'est une loi ridicule, impuissante qui ne remédie à rien. Juste ciel ! où sommes-nous, où allons-nous ? Il faut, sans plus de retard, changer tout cela. Miséricorde ! veillez donc mieux à la sûreté du Million ! Car on ne pourra bientôt plus opérer à la Bourse le plus simple mouvement de bascule, soit en hausse, soit en baisse, sans qu'un diffamateur en titre vienne se mêler de vos affaires, — car il sera dorénavant impossible de monter la moindre entreprise, — car on ne placera plus une seule action, — car les primes, les bienheureuses primes, vont s'éteindre, et ce sera la fin du monde. A l'aide ! au secours ! au meurtre ! Tout est perdu, si le législateur ne trouve pas une loi terrible, une loi draconnienne, qui écrase l'audacieux et le réduise à tout jamais au silence. »

Voilà ce que vous avez dit, messieurs, l'un après l'autre, comme des écoliers qui ont bien appris la leçon du maître. Evidemment, vous espériez tromper vos nombreux lecteurs et me faire passer pour ce que je ne suis pas.

Sottise !

J'ai de mon côté les hommes sages, les cœurs honnêtes, et, quoi que vous disiez, quoi que vous fassiez, le sentiment public est contre vous.

Dans tous les pays et dans tous les siècles, l'écrivain a eu le droit de flétrir, même nominativement, le vice social, le vice heureux, le vice que la loi n'atteint pas.

A votre compte, messieurs, Juvénal, auquel je n'ai certes pas l'orgueil de me comparer, recevrait aujourd'hui des assignations sans nombre et passerait sa vie en police correctionnelle.

Or, ceux qui n'ont pas son talent peuvent avoir son courage. Quand j'ai défini la diffamation *Vérité dite malgré la loi*, j'ai répondu d'un seul coup, sans réplique possible, à vos insinuations déloyales, à vos articles soudoyés ; j'ai fait en cinq mots l'histoire complète de la lutte que je soutiens et que je continuerai de soutenir tant qu'un souffle battra dans ma poitrine.

Puisque vous discutez la législation et que vous la

trouvez insuffisante, je puis bien la discuter à mon tour.

Et d'abord vous admettrez, j'imagine, que nos Lycurgues modernes n'ont jamais pu concevoir l'idée folle et coupable de sauvegarder le malfaiteur en même temps que l'honnête homme. Le code généralise, dans son texte, afin de laisser le moins de carrière possible au subterfuge, et les magistrats sont institués, non pour nous écraser aveuglément et brutalement par chaque article de la loi, mais pour saisir, à l'aide de leur sagesse et de leurs lumières, les circonstances où ces articles trouvent une juste application.

Ici, comme partout ailleurs, la lettre tue et l'esprit vivifie.

Je soutiens que les manœuvres insolentes des gens de Bourse échappent aux tribunaux. Tel homme, agissant dans l'ombre, au fond de cette caverne de l'agiotage, peut voler trente ou quarante millions et porter au sein des familles la ruine et le désespoir, sans que la justice ait le secret des moyens criminels qu'il emploie.

Comment cet homme sera-t-il châtié ? par l'opinion.
Quel est l'organe de l'opinion ? c'est l'écrivain.

Je vous mets au défi de sortir de cette logique !

Mais l'écrivain peut être passionné, dites-vous ; l'é-
crivain peut être menteur, haineux, systématique dans
ses agressions. Il est impossible de ne pas l'arrêter
par un châtiment quelconque, et les lois anglaises,
plus sévères que les nôtres, portent la pénalité, dans
ce cas, aux dernières limites.

C'est vrai, messieurs.

Vous oubliez seulement de mentionner une chose :
les lois anglaises admettent la PREUVE, et, si la PREUVE
est faite, elles absolvent.

De votre part, cette petite omission est involontaire,
sans doute ; mais il suffit de l'indiquer pour détruire
l'échafaudage de vos arguments.

Puisque vous proposez l'exemple de nos voisins,
suivons en tout cet exemple. Que la *preuve* soit

mise, et, si nous avons menti, condamnez-nous sur l'heure aux peines les plus rigoureuses.

Mais quand une société tout entière est malade, quand la cause du mal saute aux yeux, quand la plaie, de jour en jour, devient plus profonde, vous ne voulez pas qu'on la cautérise. Vous formez une diabolique alliance pour en écarter le scalpel du chirurgien; vous protestez en chœur, vous, les organes de la publicité, pour que la vindicte publique n'ait pas cours; vous essayez de tromper le pays; vous voulez abattre dans son isolement l'homme qui signale le danger, bâillonner sa voix et briser sa plume !

Où sont vos motifs? quel est votre mobile? à quelle influence obéissez-vous?

Il faut le dire, et le dire bien haut, vous appartenez au Million ! Le journal, à l'heure qu'il est, abdique sa dignité, renie sa mission, prostitue son indépendance et se livre pieds et poings liés à l'industrialisme.

Quel est le propriétaire du *Constitutionnel* et du *Pays?*

Voulez-vous savoir dans quelle poche sont presque toutes les actions du *Journal des Débats* et du *Siècle?*

Faut-il vous apprendre à quel banquier juif la *Presse* s'est vendue tout récemment?

Vous nommerai-je les autorités financières qui tiennent sous leur sceptre le *Courrier de Paris* et vingt autres feuilles?

Et vous prétendez avoir une conscience! et vous avez l'audace d'essayer encore de réglementer l'opinion! Vous ne voyez pas que le journalisme, assis sur le sac d'écus où il puise, n'a plus le droit de prendre la parole; vous ne comprenez pas que vous êtes les derniers auxquels on ajoutera foi, quand il sera question de juger la Bourse et ses grands-prêtres. N'êtes-vous pas leurs défenseurs à gages, leurs soldats mercenaires? Vous qui avez calomnié tous les régimes, menti à tous les drapeaux, parjuré tous les serments, osez-vous bien crier à la diffamation, quand il s'agit de votre boutique impure?

En vérité, messieurs, vous auriez besoin d'un grain d'ellébore.

Soyez tranquilles, on vous l'administrera bientôt. Le Journalisme est à la veille d'une réforme que nous

provoquerons de tout notre pouvoir, d'une réforme
qui le moralisera malgré vous, et qui sera complète,
le jour où l'autorité sentira que des feuilles à ses ordres, des feuilles semi-officielles, doivent la respecter
assez pour ne pas entretenir, tout auprès de la chaire
politique qu'elle patronne, un comptoir déshonorant
et sordide.

FIN DES LETTRES D'UN BIOGRAPHE.

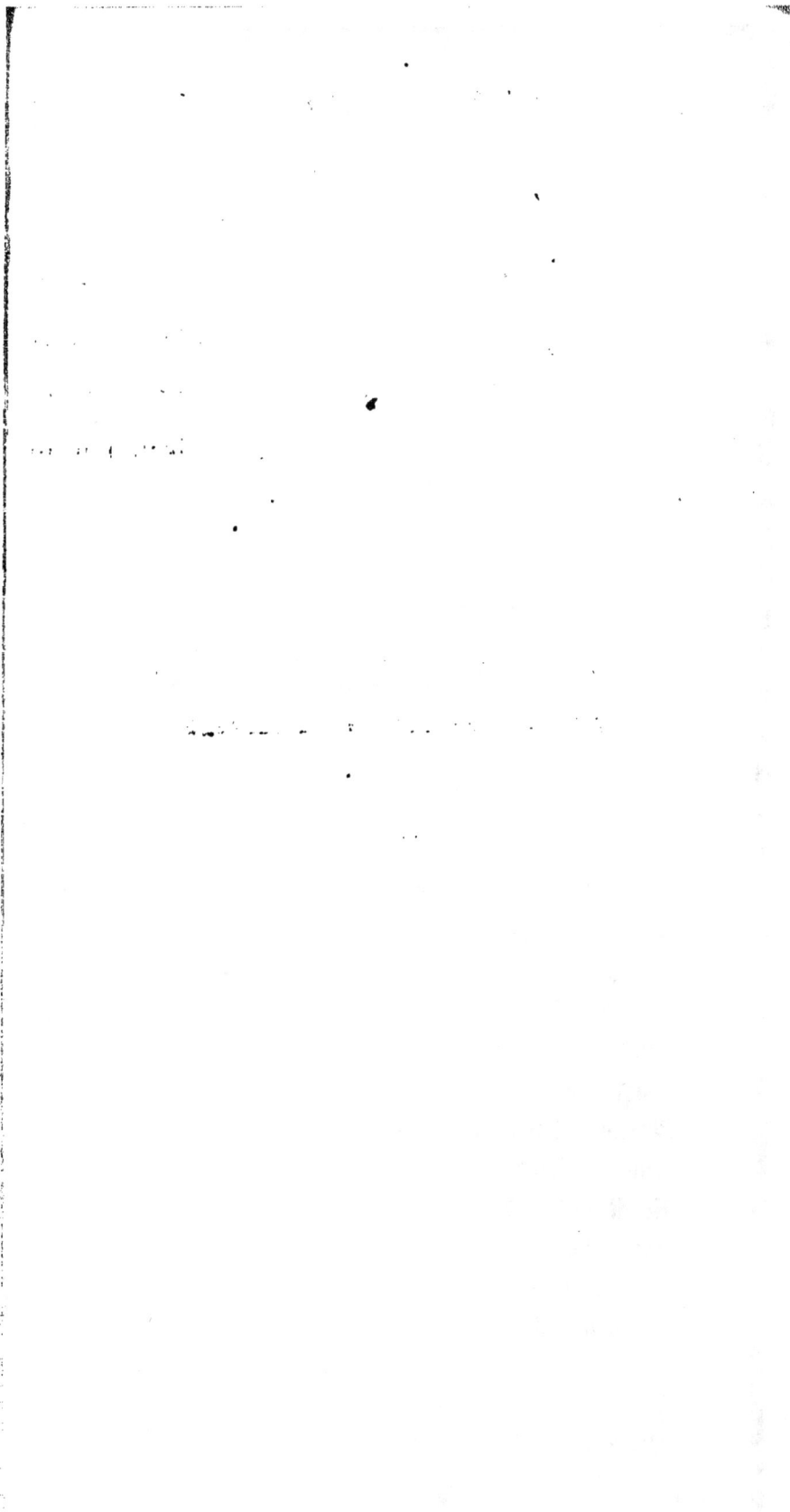

TABLE DES MATIÈRES

LETTRES A M. P.-J. PROUDHON

LETTRES D'UN BIOGRAPHE

(Histoire ancienne)

FIN DE LA TABLE DES MATIÈRES.

Paris. — Typographie WALDER, rue Bonaparte, 44.

www.ingramcontent.com/pod-product-compliance
Lightning Source LLC
Chambersburg PA
CBHW071633270326
41928CB00010B/1902